AF328334

ABRÉGÉ

DE LA

GRAMMAIRE

FRANÇOISE.

PAR M. DE WAILLY.

A PARIS,

Chez DE BURE l'aîné, Quai des Auguſtins.

ET

Chez J. BARBOU, rue Saint Jacques.

M DCC LIX.

AVERTISSEMENT.

Quand je donnai ma Grammaire fur la fin de 1754, je me propofai de rendre plus facile & plus agréable l'étude de notre Langue. Plufieurs chofes me font croire que j'ai réuffi : Les Journaliftes de Trévoux & de Verdun ont parlé très-avantageufement de mon ouvrage : plufieurs Académiciens célebres l'ont honoré de leur approbation, & le public l'a bien accœuilli.

Depuis des perfonnes chargées de l'éducation de la jeuneffe m'ont engagé à donner un Abrégé de ma Grammaire. Les Abrégés que nous avons, m'ont dit ces perfonnes, ne contiennent guere que des définitions : nous en voudrions un dans lequel, outre l'explication des mots, on apprît comment dans les adjectifs, le féminin fe forme du mafculin ; le pluriel, du fingulier dans les fubftantifs & les adjectifs. Il faudroit que les conjugaifons y fuffent détaillées, qu'on y trouvât la formation des temps & les verbes irréguliers. La Syntaxe fur-tout, devroit avoir quelque etendue, & renfermer les remarques dont les jeunes gens ont le plus de befoin pour parler & pour ecrire correctement. &c. C'eft d'après ce plan que j'ai fait cet Abrégé : puiffe-t-il être utile à la jeuneffe.

a ij

ABRÉVIATIONS

Dont on s'est servi dans cet Abrégé.

Adj.	Adjectif.
Adv.	Adverbe.
Art.	Article.
Ch.	Chose.
Cond. prés.	Conditionnel présent.
Cond. paf.	Conditionnel passé.
Conj.	Conjonction.
Conjug.	Conjugaison.
Fém. ou f.	Féminin.
Fut. f.	Futur simple.
Fut. comp.	Futur composé.
Gér. prés.	Gérondif présent.
Gér. paf.	Gérondif passé.
Imparf.	Imparfait.
Impér.	Impératif.
Imperf.	Impersonnel.
Inf. ou infin.	Infinitif.
Indic.	Indicatif.
Masc. ou m.	Masculin.
Parf déf.	Parfait défini.
Parf. indéf.	Parfait indéfini.
Part.	Participe.
Pe f.	Personne.
Plur.	Pluriel.
Pluf.	Plusieurs.
Plusqueparf.	Plusqueparfait.
Prem.	Premier, ere.
Prés.	Présent.
Pron rel.	Pronom relatif.
Sing.	Singulier.
Rég. comp.	Régime composé.
Rég. simp.	Régime simple.
V. n.	Verbe neutre.
Verbe pronom.	Verbe pronominal.

ABRÉGÉ

DE LA

GRAMMAIRE

FRANÇOISE.

A *Grammaire* eſt l'art de parler & d'écrire correctement.

Pour ecrire on ſe ſert de lettres, qui, arrangées comme il faut, forment des mots & un ſens.

Les lettres ſe diviſent en *voyelles* & en *conſonnes*.

Les *Voyelles* ſont *a*, *e*, *i*, *o*, *u*; & *y*, qui tantôt a le ſon de l'*i*, & tantôt le ſon de deux *ii*. Ces lettres ſont appellées *voyelles*, parce que ſeules elles forment une voix ou un ſon.

Les *Conſonnes* ſont, *b*, *c*, *d*, *f*, *g*, *h*, *j*, *k*, *l*, *m*, *n*, *p*, &c. Ces lettres s'appellent *conſonnes*, parce qu'elles ne forment un ſon qu'avec le ſecours des voyelles: *b*, *c*,

A

f, &c. fe prononcent comme s'il y avoit *bé*, *cé*, *ef*, &c.

R E M. La lettre *h* ne forme aucun fon particulier ; & dans la plûpart des mots elle n'ajoûte rien à la prononciation de la voyelle qui la fuit ; alors on l'appelle muette : comme l'*homme*, l'*honneur*, l'*héréfie*, l'*hiftoire*, &c. quelquefois elle fait prononcer du gosier la voyelle qui la fuit ; on l'appelle alors *h* afpirée. Comme dans *le héros*, *la harangue*, *enhardir*, *rehauffer*, *le hameau*, &c.

L'*y* a le fon de l'*i* fimple dans les mots formés du Grec, & dans *y* ; comme *myftere*, *azyle*, *il y vient*.

L'*y* s'emploie pour deux *ii* dans *employer*, *effayer*, *payfan*, & autres femblables. Prononcez *effaiier*, *emploiier*, *paiifan*.

D E S M O T S.

Les mots dont on fe fert pour exprimer fes penfées font, le *nom*, l'*article*, le *pronom*, le *verbe*, la *préposition*, l'*adverbe*, la *conjonction*, & la *particule* ou *interjection*.

Les noms font ou *fubftantifs*, ou *adjectifs*.

Les *Subftantifs* fervent à nommer les perfonnes ou les chofes ; les *Adjectifs* fer-

vent à les qualifier ; l'*Article* les particula-
rife, & en défigne le genre & le nombre :
Les *Pronoms* fe mettent pour les noms de
perfonne & de chofe, ou bien ils défignent
par eux-mêmes une perfonne ou une chofe. Ex. *La louange feroit d'un grand prix, fi
elle donnoit aux perfonnes à qui on l'adreffe,
les perfections qui leur manquent.*

Dans cette phrafe *la*, *les*, font l'article ;
louange, *prix*, *perfonnes*, *perfections*, font
des fubftantifs ; *grand* eft un adjectif ; *elle*,
à qui, *on*, *l'*, *leur*, font des pronoms.

Le *Verbe* eft un mot dont le principal
ufage eft de fignifier l'affirmation avec dé-
fignation de temps, de nombres & de perfonnes. Ex. *Dieu* récompenfera *les jeunes
gens vertueux.* Le mot *récompenfera*, affirme ce que Dieu fera, & en même-temps il
défigne une action future, &c.

Les *Prépositions* marquent avec le mot
qui les fuit, les différents rapports que les
chofes ont les unes avec les autres. E x.
Etudiez avec application. *Il joue* dans la
cour, &c.

L'*Adverbe* exprime quelque circonftance du nom, du verbe, ou même d'un autre adverbe auquel il fe rapporte. Ex. *Un
enfant* bien *né falue* poliment *les perfonnes
qu'il aborde.*

Les *Conjonctions* fervent à joindre ensemble les parties du discours. Ex. *Comportez-vous sagement & avec modestie,* afin que *vous soyez estimé des gens de bien.*

Les *Particules* ou *Interjections* servent à marquer une affection ou un mouvement de l'ame ; comme *hélas, fi, hola.*

En joignant ensemble ces mots, on forme des phrases & des périodes.

DES PHRASES ET DES PÉRIODES.

On appelle *Phrase* la réunion de plusieurs mots qui forment un sens fini. Ex. *L'étude forme le cœur & etend l'esprit.*

On appelle *Période* plusieurs phrases tellement réunies, qu'elles dépendent les unes des autres pour former un sens complet. Ex.

> Autant qu'il faut de soins, d'égards & de prudence,
> Pour ne pas diffamer l'honneur & l'innocence ;
> Autant il faut d'ardeur, d'inflexibilité,
> Pour déférer un traître à la société.   GRESSET.

Dans les *Phrases* & dans les *Périodes*, il faut bien remarquer les expressions incidentes. On appelle ainsi les expressions qui servent à développer quelque partie de la phrase, à donner plus de force & de nombre au discours. Ex. *Souvenez-vous que le jeune homme* qui veut devenir vertueux, *doit s'accoutumer de bonne heure à suivre l'exemple des gens de bien.* Ici, *qui veut devenir vertueux*, eſt l'expreſſion incidente.

Nous ne devons jamais, en quelque circonſtance que nous nous trouvions, *agir contre le témoignage de notre conſcience.* Dans cette phraſe, *en quelque circonſtance que nous nous trouvions*, eſt la phraſe incidente.

Il nous reſte maintenant à parler en détail des différents mots qui compoſent le diſcours; mais nous allons auparavant définir ce que nous entendons par le *ſujet*, les *régimes*, & le *vocatif.* Il eſt néceſſaire d'avoir une notion exacte de ces mots, parce que nous les emploierons ſouvent dans la ſuite de notre Ouvrage.

Du Sujet, des Régimes, & du Vocatif.

Le *Sujet* ou le *Nominatif*, eſt ce qui exprime ou déſigne, ſoit la perſonne, ſoit la choſe dont on parle. Ex. *Le menteur eſt généralement mépriſé, il eſt odieux à tout le monde.* Ici, *le menteur, il*, ſont ſujets ou nominatifs. Autres exemples. *Du pain, des légumes, de l'eau, etoient toute la nourriture des ſolitaires.* Du pain, de l'eau, des légumes, ſont ici nominatifs du verbe *etoient.*

Le *Régime* en général, eſt un ſubſtantif, un pronom ou un verbe, qui particularise la signification d'un autre substantif ou d'un autre verbe. Ex. *Aimons la loi du Seigneur.* Ces mots, *la loi*, particularisent l'action d'aimer ; & ces mots, *la loi*, sont à leur tour particularisés par ceux-ci, *du Seigneur.*

Le *Régime* est ou *simple*, ou *composé.*

Le *Régime simple* particularise le verbe, sans préposition ni exprimée, ni sous entendue. Ex. *Fuyez les flatteurs.*

Nota. Quand un mot qui particularise le verbe peut répondre à la question *qui* ou *quoi*, c'est toujours un *régime simple.* Ainsi dans cette phrase : *Nous mangeons tous les jours* du pain, *nous buvons tous les jours* de l'eau, *sans nous en dégoûter : Du pain & de l'eau* sont *régimes simples* ; parce qu'ils répondent à la question *quoi.* Nous mangeons *quoi ? du pain.* Nous buvons *quoi ? de l'eau.* Le *de* qui est avant *pain* & *eau*, n'est pas le *de* préposition, c'est le *de* particule.

Le *Régime composé* particularise le nom ou le verbe par le moyen d'une préposition exprimée ou sous-entendue. Ex. *La charité* du particulier *consiste* à secourir *les pauvres ; celle* de l'homme public *s'exerce* à empêcher *qu'il n'y en ait.* Terrasson. *La sagesse* à chacun *rend ce qu'on doit* lui *ren-*

dre. **Lui** eſt ici *régime compoſé*, parce qu'il eſt mis pour *à lui.* De même, *moi*, *toi*, *me*, *te*, *nous*, *vous ſe*, ſont régimes compoſés quand ils ſont pour *à moi*, *à toi*, *à nous*, *à vous*, *à ſoi.*

Le *Régime ſimple* répond à l'*accuſatif*; le *Régime compoſé*, au *génitif*, au *datif*, ou à l'*ablatif* des Latins.

Le *Vocatif* marque la perſonne à qui on adreſſe la parole. Ex

Grand Dieu ! tes jugements ſont remplis d'équité.

D U N O M.

Le *Nom* ſert à nommer ou à qualifier les perſonnes & les choſes. Il y en a de deux ſortes ; le *Subſtantif* & l'*Adjectif*.

Du Subſtantif.

Le *Subſtantif* exprime le nom des perſonnes & des choſes ; comme l'*homme*, le *cheval*, la *table.*

Le *Subſtantif* eſt ou *commun*, ou *propre*, ou *collectif.*

Le *Subſtantif commun* déſigne un nom qui convient à pluſieurs perſonnes ou à pluſieurs choſes, comme *ſoldat*, *maiſon*, *Royaume.*

Le *Subſtantif propre* déſigne une perſonne ou une choſe en particulier ; comme *Alexandre*, *Paris*, *la Seine*, &c.

Le *Subſtantif collectif* préſente à l'eſprit pluſieurs perſonnes & pluſieurs choſes, ou comme reſant un tout, ou comme feſant une partie d'un tout.

Le premier s'appelle *collectif général* ; comme le peuple, l'armée, la forêt, &c.

Le ſecond s'appelle *collectif partitif*, comme une troupe de, une quantité de, &c. Quand nous diſons : La plûpart *des hommes ſont aveugles ſur leurs propres défauts* ; ce mot *la plûpart*, préſente à l'eſprit pluſieurs perſonnes, mais comme feſant partie de tous les hommes.

De l'Adjectif.

L'*Adjectif* exprime la qualité des perſonnes & des choſes. Ex. *Chez les Romains un* même *homme étoit Magiſtrat* attentif, *Ambaſſadeur* exact, & *Capitaine* vigilant.

L'*Adjectif* tire ſon nom du latin *adjectus*, ajouté ; parce que, comme on vient de le voir, il s'ajoute au ſubſtantif pour en exprimer quelque qualité.

L'*Adjectif* s'emploie ſouvent pour le ſubſtantif, ou dans le ſens du ſubſtantif. Exemple.

Rien n'eſt beau que *le vrai*, *le vrai* ſeul eſt aimable : Nous devons préférer *l'utile* á *l'agréable*.

Le Vrai eſt mis pour *la vérité* ; *l'utile d*

l'agréable font pour la *chofe utile à la chofe agreable.*

Il y a auffi plufieurs noms qui font tantôt fubftantifs & tantôt adjectifs. Par exemple, dans ces phrafes : *Malheur aux mauvais Chrétiens qui irritent la colere de Dieu.* La *Communion indigne eft un très-grand* facrilege. *Il faut beaucoup de* politique *pour vivre avec les Grands. Un bon* pere *donne trois chofes à fes enfants, la nourriture, l'éducation & le bon exemple.*

> *Le Vulgaire* a le goût en tout trop partial,
> Dans le vrai, dans le faux, dans le bien, dans le mal.

Dans ces phrafes, *colere, facrilege, politique, pere, vulgaire,* font fubftantifs, parce qu'ils expriment des noms de chofes ou de perfonnes.

Mais dans celles-ci : *Un homme* colere *eft fort méprifable & fort à craindre. La conduite des courtifans eft* politique *& réfervée. Le Seigneur punit le* facrilege *Balthafar. Louis XIV. fut toujours* Roi *par autorité, & toujours* pere *par tendreffe,* &c.

Les mots *colere, facrilege,* &c. font adjectifs, parce qu'ils n'expriment que des qualités.

DES GENRES.

Les *Genres* font dans l'origine un rap-

port des mots à l'un ou à l'autre fexe , &
en général à tout ce qui eft mâle ou femelle.

Il y a deux genres , le *mafculin* & le
féminin.

Un mot eft du *mafculin* , quand il défigne l'homme ou le mâle ; comme *un pere ,
un lion.*

Un mot eft du *féminin* , quand il défigne
la femme ou la femelle ; comme *une mere ,
une lionne* , &c.

Enfuite par imitation on a fait du mafculin ou du féminin les autres fubftantifs,
quoiqu'ils n'euffent aucun rapport à l'un
ou à l'autre fexe. Par exemple , *le livre ,
le jeu ,* &c. font mafculins. *La table , la plume* font féminins, quoique ni les uns , ni
les autres ne puiffent fe dire ni de l'homme
ni de la femme.

On a aussi donné les deux genres aux
adjectifs , à l'article , aux pronoms , aux
participes des verbes , parce que ces mots
doivent fe rapporter à des fubftantifs mafculins ou féminins.

DES NOMBRES.

Il y a deux *Nombres* , le *fingulier* & le
pluriel.

Quand le mot ne défigne qu'une perfonne ou une chofe , il eft au *fingulier ;*

comme l'*hiftoire eft utile , agréable.*

Quand le mot défigne plufieurs perfonnes ou plufieurs chofes , il eft au *pluriel.* Ex. *Les écoliers doivent aimer & refpecter leurs maîtres.*

De l'Article.

L'*Article* fe place avant les noms , détermine l'étendue de leur fignification , & défigne le genre & le nombre ; tels font *le* mafc. fing., *la* fém. fing., *les* plur. des deux genres. Ainsi quand on peut mettre *le* ou *un* avant un fubftantif, il eft mafculin , & quand on peut mettre *la* ou *une* , il eft féminin. Ex.

Le cœur, l'efprit, les mœurs, tout gagne à la culture.

Dans cet exemple , on met *le* avant *cœur*, parce que ce nom eft mafc., & l'on met *la* avant *culture*, parce que ce dernier mot eft fém.

Remarque Ire. *Le* & *la* s'écrivent tous deux en cette forte *l'* , quand le mot qui fuit commence par une *voyelle* ou une *h* qui ne fe prononce pas. On dit & l'on écrit, *l'amitié*, *l'entretien* , *l'homme* , *l'hiftoire* , pour *la amitié , le entretien* , &c.

2e. Comme les noms françois ne changent point de terminaifons , il n'y a point de cas dans notre langue. Nous exprimons

avec des prépositions, & fur-tout avec *de*
& *à* les rapports que les Grecs & les Latins exprimoient par les différentes terminaifons de leurs noms.

3ᵉ. *Du*, *des*, *au*, *aux*, que l'on voit
avant les noms françois qui commencent
par une confonne, font mis pour *de le*, *de
les*, *à le*, *à les*. Nous difons : *Il eft difficile
de fe faire aimer* de tout le *monde*. *La vertu
eft le plus beau* de tous les *biens*, *& il importe à* tous les *hommes de la pratiquer*. Si
nous ôtons les mots *tout*, *tous*, qui fe trou-
vent entre *de le*, *de les*, *à les*, nous dirons
alors : *il eft difficile de fe faire aimer* du *monde*. *La vertu eft le plus beau* des *biens*, *& il
importe* aux *hommes de la pratiquer*.

DU GENRE DES NOMS.

Les fubftantifs ne font ordinairement
que d'un genre ; les uns font du mafc.
comme un *grand ouvrage*, le *joli eventail*,
le *bon echaudé*, le *bon legume*, &c.

Les autres font du fém. comme la *jolie
epigramme*, la *belle alcove*, une *froide eni-
gme*, une *belle horloge* ; &c.

Cependant il y a plufieurs fubftantifs
qui ont les deux genres, mais fous différentes fignifications : comme *un Greffe*,
lieu où fe gardent les regiftres d'une Cour
de Juftice ; *une greffe*, petite branche qu'on

ente fur un arbre ; *le gueules*, couleur rouge, terme de blafon ; *la gueule* d'un chien,
d'un loup, &c. *Voyez* notre Grammaire,
depuis la p. 26, jufqu'à la p. 40.

Les Adjectifs fe joignent à des Subftantifs mafc. & fém. voilà pourquoi ils ont
prefque toujours les deux genres.

Comment dans les Adjectifs, le féminin
fe forme du mafculin.

1. *R.* Les Adjectifs qui terminent au
mafc. par un *e* muet, n'ont qu'une feule
terminaifon pour les deux genres. Ex. *Un*
jeune homme aimable, docile ; *une demoi-*
felle aimable, docile, &c.

2. *R.* Quand l'Adjectif termine au mafculin par *é*, *ai*, *i*, & *u*, on ajoute au fém.
un *e* muet. Ex. *Senfé*, *vrai*, *poli*, *ingénu*,
font au fém. *fenfée*, *vraie*, *polie*, *ingénue*.
Excepté *favori*, qui fait *favorite*.

3. *R.* Quand l'Adjectif termine au mafc.
par une confonne, on ajoute au fém. un
e muet après cette confonne. Ex. *Grand*,
feul, *vil*, *voifin*, *dur*, *mauvais*, *petit*, font
au fém. *grande*, *feule*, *vile*, *voifine*, &c.

EXCEPTIONS. Les Adjectifs en *c* fe ré-
duifent aux fept fuivants : *blanc*, *franc*,
fec, qui font au fém. *blanche*, *franche*, *fé-*
che : caduc, *grec*, *public* & *turc*, qui font

au fém. *caduque, grecque* ou *greque, publique* & *turque.*

En *d, nud, crud, verd,* font au fém. *nue, crue, verte.*

En *f,* ils changent *f* en *ve. Bref, naïf, neuf, vif,* &c. font *breve, naïve, neuve, vive.*

Long : le feul adjectif en *g* fait *longue.*

Les adjectifs en *el, eil, ol, ul, ien, an, on, as, ais, ès, os, et, ot,* doublent au fém. leur confonne finale, & prennent un *e* muet. *Cruel, vermeil, nul, ancien, payfan, bon, gras, epais, exprès, gros, net, fot,* font au fém. *cruelle, vermeille, nulle, ancienne,* &c.

Mais *frais* fait *fraîche ; tiers, tierce. Niais, ras, abfout, diffout, tout, complet, difcret, inquiet, replet, fecret,* prennent feulement un *e* muet ; comme *niaife, rafe, toute, complete,* &c.

Beau, nouveau, fou, mou, vieux, font encore au mafc. *bel, nouvel, fol, mol, vieil* avant un fubftantif qui commence par une voyelle ; comme *le* bel *arbre, le* nouvel *appartement, le* vieil *homme, le* vieil *Adam,* (pour *le péché,* l'*homme pécheur ;* on dit or- dinairement, *un* vieux *homme,* pour *un homme fort âgé.*) C'eft de cette feconde terminaifon qu'ils forment leur fém. *belle, nouvelle, folle, molle, vieille. Efpagnol* fait *Efpagnole.*

Gentil, benin, malin, font *gentille, benigne, maligne.*

Les Adjectifs, *antérieur, citérieur, extérieur, inférieur, intérieur, majeur, meilleur, mineur, poftérieur, prieur, fupérieur, ultérieur,* prennent un *e* muet au fém. *antérieure, citérieure,* &c.

Les Adjectifr en *eur* formés des verbes, changent ordinairement *eur* en *eufe.* *Chanteur, porteur, danfeur, revendeur,* &c. formés des verbes *chanter, porter, danfer, revendre,* font au fém. *chanteufe, porteufe, danfeufe,* &c.

Enchanteur, pécheur, vengeur, bailleur, défendeur, demandeur, font au fémin. *enchanterefſe, pécherefſe, vengerefſe, baillerefſe, défenderefſe, demanderefſe.* Les trois derniers ne s'emploient qu'au palais.

Chaſſeur fait en profe *chaſſeufe,* en poéfie *chaſſerefſe.*

Plufieurs Adjectifs en *teur,* formés des adjectifs latins en *tor,* changent au fém. *teur* en *trice. Acteur, bienfaiteur, débiteur, confervateur, Electeur, lecteur, moteur, promoteur, opérateur, teftateur, tuteur, fauteur, accufateur,* font au fémin. *Actrice, bienfaitrice,* &c. *Empereur* fait *Impératrice. Auteur* eft mafc. & fém. *il* ou *elle* eft *Auteur.*

Les Adjectifs en *eux, oux,* font *eufe,*

ouſe. Heureux, heureuſe, jaloux, jalouſe.

Mais *doux, faux, roux,* font *douce, fauſſe, rouſſe.*

Des dégrés de ſignification ou de comparaiſon.

Les *Adjectifs* ont trois dégrés de ſignification ; le *poſitif,* le *comparatif,* & le *ſuperlatif.*

L'*Adjectif,* eſt au *poſitif,* quand il exprime ſimplement la qualité ; comme *un homme* poli, affable.

L'*Adjectif* eſt au *comparatif,* quand outre la qualité, il exprime comparaiſon ; comme *meilleur, moindre, pire.* Ces trois adjectifs expriment ſeuls une comparaiſon. Avant les autres adjectifs, on met *plus* pour marquer un comparatif de ſupériorité ; comme l'*Aſie eſt* plus *grande que l'Europe.*

Moins, avec l'adjectif, marque un comparatif d'infériorité ; comme l'*Afrique eſt* moins *peuplée que l'Europe.*

Auſſi, avec l'adjectif, exprime un comparatif d'égalité ; comme l'*hiſtoire eſt* auſſi *utile qu'agréable.*

Nota. Il n'y a que notre comparatif de ſupériorité qui réponde au comparatif latin ; *plus ſaint,* ſanctior.

L'*Adjectif* eſt au *ſuperlatif,* quand il exprime la qualité dans un très-haut ou dans le plus haut dégré.

Le *Superlatif* eſt de deux ſortes, l'un *abſolu*, l'autre *relatif*.

Le *Superlatif abſolu* exprime une qualité au ſuprême dégré, mais ſans aucun rapport à une autre choſe : pour lors l'adjectif eſt précédé de *très*, *fort*, ou *bien*. Ex. *Lille*, *capitale de la Flandre Françoiſe*, *eſt une ville* très-belle *&* fort marchande.

Le *Superlatif relatif* exprime la qualité dans le plus haut dégré, avec rapport à quelque autre choſe : pour lors on met *le*, *mon*, *ton*, *ſon*, *notre*, *votre*, ou *leur* avant *meilleur*, *moindre*, *pire*, *plus*, *moins* ; comme *le menſonge eſt* le plus bas *de tous les vices*. Son meilleur *ami*, leur moindre *ſouci*, notre plus grand *ami*. C'eſt comme s'il y avoit, le meilleur *de ſes amis*, &c.

Mais ſi avant *meilleur*, *moindre*, *pire*, *plus* ou *moins*, il n'y avoit que *de*, *à*, *à de*, ce ſeroient des comparatifs, & non des ſuperlatifs. Ex. *Pour ſe fortifier dans la vertu*, *il n'y a rien* de meilleur *que le bon exemple*. *Il ne faut pas ſe fier* à plus *fin que ſoi*. Dans ces phraſes de *meilleur*, *à plus fin*, ſe traduiroient en latin par le comparatif.

Des Noms de Nombre.

Les noms de *Nombre* ſervent à comp-

ter, ou expriment quelque quantité ; comme *un*, *deux*, &c. le *premier*, le *second*,
&c. ils font ou fubftantifs, ou adjeétif.

Les *Nombres adjeétifs* font ou *Cardinaux* ou *Ordinaux*.

Les *Nombres Cardinaux* ou *principaux*
marquent le nombre des chofes, & répondent à cette queftion. *Combien y en a-t-il ?
un*, *deux*, *trois*, *quatre*, *cent*, *mille*, &c.
Ils ne varient pas leurs terminaifons.

Exceptions. *Un*, au fém. *une*, fait
au plur. *les uns*, *les unes*. *Cent* au plur. &
vingt dans *quatre-vingt*, *fix-vingt*, prennent une *s* lorfqu'ils font fuivis d'un fubftantif ; comme, *deux* cents *hommes*, *quatre*-vingts *elephants*, *fix*-vingts *hommes*.

Mais *cent* & *quatre-vingt* s'écrivent fans
s, lorfqu'ils font fuivis d'un autre nombre ; comme *trois* cent *foixante chevaux*,
quatre·vingt-*deux hommes*.

On écrit, *deux* mille *hommes :* mais s'il
eft queftion de dater les années, il faut
ecrire *mil*. *Le pain fut très-cher en* mil *fept
cent neuf*.

Les *Nombres Ordinaux* marquent l'ordre & le rang ; ils répondent à cette queftion : *le quantieme eft-il ?* le *premier*, le *fc-
cond* ou le *deuxieme*, le *troifieme*, &c.

Rem. On emploie les nombres *Cardinaux* au lieu des *Ordinaux*. 1°. En parlant

des heures & des années courantes ; comme, *il eſt* trois *heures ; l'année* mil ſept cent cinquante-cinq. 2°. En parlant des Princes ; comme *Louis* neuf, *Henri* quatre, *Louis* quinze, *Innocent* onze, &c. On dit cependant, *François* premier, *François* ſecond ; c'eſt-à-dire, qu'après les noms des Princes, on ne met point *un*, *deux*.

Les Latins, dans ces occaſions, employoient les nombres *Ordinaux*. *Il eſt arrivé* à une heure, à quatre heures. *Horâ* primâ, *horâ* quartâ *advenit. Henri* quatre, *Henricus* quartus. Ils mettoient aussi de ſuite pluſieurs nombres *Ordinaux* ; en françois il n'y a que le dernier nombre qui puiſſe être *ordinal*. Ex. *Anno urbis condita* ſexcenteſimo ſeptuageſimo ſexto *mortuus eſt Nicomedes Rex Bithyniæ.* La *ſix cent* ſoixante-ſeizieme *année de la fondation de Rome, mourut Nicomede, Roi de Bithynie.* &c.

Les nombres *Cardinaux* ou *Principaux* ſont ainſi appellés, parce qu'ils ſont les principes des autres nombres, & qu'ils ſervent à les former.

Les nombres *Ordinaux* ſe forment des *Cardinaux* en cette ſorte. Si le nombre Cardinal finit en *e*, on change cet *e* en *ieme*, quatre, *quatrieme*, trente, *trentieme*, &c. Si le nombre Cardinal finit par une confonne, on ajoute *ieme* : deux, *deuxie-me*, trois, *troifieme*, vingt & un, *vingt & unieme.*

Dans ceux en *f* on change *f* en *v* ; neuf, *neuvieme* ; dix-neuf, *dix-neuvieme.*

Les nombres *Subftantifs* font ou *collec-tifs*, ou *diftributifs*, ou *proportionnels.*

Les *Collectifs* marquent une certaine quantité de chofes comme réuniés. Ce font, *une demi-douzaine, une huitaine, une neuvaine, une dixaine, une douzaine, une quinzaine, une vingtaine, une trentaine, une quarantaine, une cinquantaine, une foi-xantaine, une centaine, un millier, un mil-lion,* &c.

Les *Diftributifs* expriment les parties d'un tout, comme la *moitié*, le *tiers*, le *quart*, un *cinquieme*, &c. felon que la cho-fe eft partagée en deux, en trois, en qua-tre, &c.

Les *Proportionnels* font le *double*, le *tri-ple*, le *quadruple*, &c. *Voyez* fur tous ces noms de nombre notre Grammaire Fran-çoife.

DE LA FORMATION DU PLURIEL
des Noms foit Subftantifs, foit Adjectifs.

1. *R.* Le plur. eft femblable au fing. dans tous les noms qui terminent au fing.

par *s*, *x*, ou *z*. Ex. Le *fils*, les *fils* ; la *voix*, les *voix*, le *nez*, les *nez*.

2. *R.* Les noms qui finissent au sing. par une autre lettre que par *s*, *x*, ou *z*, prennent ordinairement une *s*, au plur. Ex. Le *livre*, les *livres* ; la *bonté*, les *bontés* ; le *Marchand* est *diligent*, les *Marchands* sont *diligents*.

ÉXCEPTIONS. 1°. *Loi* fait les *loix* ; *tout*, *gent*, font *tous* les *gens*.

2°. Les noms en *au*, *eau*, *eu*, *œu*, *ou*, prennent au plur. une *x*. Ex. L'*eau*, les *eaux*, le *feu*, les *feux*, le *vœu*, les *vœux*, le *caillou*, les *cailloux*.

Bleu, *clou*, *trou* & *matou*, font *bleus*, *clous*, *trous* & *matous*.

3°. Les noms en *al* ont le plur. en *aux*. Ex. Le *cheval* est *egal* ; les *chevaux* sont *egaux*.

Cependant *bal*, *pal*, *cal*, *régal*, *bocal* & *carnaval*, font au plur. *bals*, *cals*, &c. On dit aussi *des cierges paschals*.

Les Adjectifs *austral*, *boréal*, *conjugal*, *fatal*, *filial*, *final*, *frugal*, *naval*, *pastoral*, *trivial*, *vénal*, n'ont point de plur. masc.

4°. Parmi les noms en *ail*, ceux-ci *bail*, *ail*, *corail*, *email*, *soupirail*, *travail*, ont le plur. en *aux*. Les *baux*, les *aux*, ou *aulx*, des *coraux*, des *emaux*, &c.

Le *bétail*, au pluriel les *bestiaux*.

Au contraire, *attirail, camail, eventail, détail, portail, ferail,* le *mail,* font au plur. les *attirails,* les *camails,* &c. *Bercail* & *egail,* font fans plur.

Aïeul, ciel, œuil ou *œil,* & *pénitenciel,* (qui n'eft plus en ufage) font au plur. les *aïeux, cieux,* les *ieux* ou *yeux,* les *Pfeaumes pénitenciaux.*

Cependant on dit au plur. des *ciels de lit,* les *ciels d'un tableau,* d'une carriere ; des *œuils* de bœuf, terme d'Architecture.

DES PRONOMS.

L E *Pronom* eft un mot que l'on met ordinairement à la place des Noms pour en eviter la répétition. Ex.

A la Religion foyez toujours fidele ;
Les mœurs & les vertus ne fauvent point fans *elle.*

Le mot *elle* eft ici pour *la Religion.*

Les différentes fortes de *Pronoms* font les *perfonnels,* les *relatifs,* les *abfolus,* les *indéfinis,* & les *démonftratifs.*

DES PRONOMS PERSONNELS.

Les *Pronoms perf.* défignent les perfonnes, ou tiennent la place des perfonnes. Tels font :

Pour la 1re. perſonne , *je* , *me* , *moi* , ſing. *nous* , plur. Ils ſont des deux genres.

Pour la 2e. perſ. *tu* , *te* , *toi* , ſing. *vous* , ſing. & plur. des deux genres.

Pour la 3e. perſ. *il* , maſc. ſing. *ils* , *eux* ; maſc. plur. *elle* , ſing. fém. *elles* , plur. fém. *ſoi* , des deux genres & des deux nombres ; *lui* , m. & f. ſing. *leur* , pl. des deux genres.

R E M. *Tu* , *te* , *toi* , & *ton* , *ta* , *tes* , *le tien* , *la tienne* , &c. ne s'emploient en proſe , que quand on parle à une perſonue dont on eſt ami intime , ou contre laquelle on eſt en colere. C'eſt ce qu'on appelle tutoyer. Au lieu de *tu* , *te* , *toi* , on ſe ſert de *vous* ; & au lieu de *ton* , *le tien* , &c. on ſe ſert de *votre* , *le vôtre* , &c,

R. 2e. *Lui* , *eux* , *elle* , *elles* , ne ſe diſent point des choſes inanimées , quand ils ſont en rég. comp. ni même quand ils ſont en rég. ſimp. ſuivis de *qui* ou *que*. Ainſi ne dites point en parlant d'un livre , d'une plume , &c. *c'eſt* lui qui *eſt bon* , que je *liſois* ; *c'eſt* avec elle que *j'ai écrit* , &c. dites , *c'eſt* celui-ci , *c'eſt ce livre qui eſt bon* , *que je liſois* ; *c'eſt avec cette plume que j'ai écrit* , &c.

Je crois qu'après avoir parlé d'un couteau , d'une tabatiere , ou autre choſe inanimée , on peut demander , *eſt-ce lui*, *eſt ce là elle ?* & que l'on peut répondre , *c'eſt elle* , *c'eſt elle-même.. Sont-ce là vos chevaux ?*

oui ce font eux. On peut auſſi en ces occaſions ſe ſervir de *ce l'eſt*, *ce les font*; comme, *eſt-ce là votre tabatiere?* oui, *ce l'eſt. Sont-ce là vos livres?* oui, *ce les font.*

Au lieu de *de lui*, *d'elle*, *d'eux*, *d'elles*, on ſe ſert du relatif *en*; & au lieu de *à lui*, *à eux*, *à elle*, *à elles*, on emploie le relatif *y.*
Eᴇxᴇᴍᴘʟᴇ.

La vie eſt un dépôt confié par le ciel :
Oſer *en* diſpoſer, c'eſt être criminel.

Et non-pas, diſpoſer *d'elle.*

Je vous recommande mon affaire, penſez-*y*, faitez-*y* attention; & non-pas, penſez *à elle*, faites attention *à elle.*

En parlant d'un arbre, d'une table, ou autre choſe inanimée, ne dites pas; *j'étois fous lui*, près d'elle, *il n'y a perſonne dans elle* : dites, *j'étois deſſous*, *j'en étois près* : *il n'y a perſonne* dedans.

Mais *lui*, *eux*, *elle*, *elles* s'emploient en rég. ſimpl. & comp. quand ils ſe rapportent aux choſes qu'on perſonnifie; c'eſt-à-dire, auxquelles on attribue ce qui convient aux perſonnes. Ex. *Le torrent entraîne avec lui tout ce qu'il rencontre.*

Dorilas, quand la Nuit nous rend l'obſcurité,
En paroît toujours attriſté,
Mais ce n'eſt pas à cauſe *d'elle;*
C'eſt parce que le jour epargne la chandelle.
Dᴇ Cᴀɪʟʟʏ,

Sᴏɪ.

Soi. On fe fert du pron. *foi*, 1°. en parlant des chofes ou de l'extérieur d'une perf. Ex. *L'aimant attire le fer* à foi. *Cette perfonne eſt fort propre* fur foi. On pourroit dire auſſi, *eette perfonne eſt fort propre* fur elle. 2°. En parlant des perfonnes en gé‑néral. Ex.

On a fouvent befoin d'un plus petit *que foi.*

REM. *Moi, toi, foi, nous, vous lui, eux, elle, elles,* s'ajoutent quelquefois aux fujets & aux rég. pour affirmer plus forte‑ment, pour donner plus d'energie au dif‑cours, ou pour marquer une oppofition.

Moi, je m'arrêterois à de vaines menaces,
Et je fuirois l'honneur qui m'attend fur vos traces !

Les *indifcrets fe trahiſſent fouvent* eux‑mêmes. Un *Marquis cordon - bleu voyant paſſer une Dame qui avoit beaucoup de dia‑mants, dit aſſez haut : j'aimerois mieux les diamants que la Dame. Et moi, repliqua la Dame, j'aimerois mieux le licou que la bête.*

DES PRONOMS RELATIFS.

Les *Pron. rel.* font ceux qui ont raport à un nom ou à un pron. qui précede. Tels font *qui, que* des 2 genres & des 2 nom‑bres. *Lequel* f. m. *laquelle* f. f. *lefquels* pl. m. *lefquelles* pl. f. *Dont, quoi, y, en* des

2 genres & des 2 nombres. *Le, la, les.*

Qui eſt rel. quand il peut ſe tourner par *lequel, laquelle. Qui* ſans prép. déſigne le ſujet, & il ſe dit des perſ. & des ch. Ex.

Négligez les plaiſirs funeſtes aux humains,
La douleur *qui* les ſuit apprend qu'ils ſont bien vains.

Qui précédé d'une prép. ne ſe dit que des perſ. Ex. *Il faut bien choiſir les amis* à qui *on veut donner ſa confiance.*

Un célebre Grammairien a fait une faute en diſant : *Les noms propres de Provinces gardent l'article ....., quand les mots* avec qui *ils ſont joints ne ſignifient point demeure,* &c. il faut les mots avec *leſquels.*

L'antécédent du rel. *qui* eſt quelquefois ſous-entendu. Ex. Qui *n'a point d'education reſſemble à un corps ſans ame,* c. à d. celui qui n'a point, &c.

Que ordinairement rég. ſimp. eſt en rég. comp. dans certaines phraſes où il eſt mis pour *lequel* & une prép. Ex.

Dieu punit les forfaits *que* leurs mains ont commis,
Ceux *qu'*ils n'ont point vengés,& ceux *qu'*ils ont permis.

C'eſt de la bonne ou de la mauvaiſe education que *dépend preſque toujours le bonheur ou le malheur de la vie. Que* eſt ici pour *de laquelle..... Une fontaine ne peut jetter de l'eau douce par le même tuyau qu'elle jette de l'eau ſalée,* c. à d. *par lequel* elle jette, &c,

Lequel ne s'emploie en fujet & en rég. fimp. que pour eviter toute equivoque, ou deux *qui* de fuite. Hors de ces cas on emploie *qui* & *que*. Ex. *C'eft un effet de la divine Providence*, lequel *attire l'admiration de tout le monde.* Au lieu de dire : *certaines plaintes* qui *n'ont rien* qui *les diftingue.* Le P. Bouhours a dit : *certaines plaintes* lefquelles *n'ont rien* qui, &c.

Lequel en rég. comp. fe dit des perf. & des ch. On doit furtout s'en fervir en parlant des chof. Ex. *Les fciences* auxquelles *vous vous appliquerez pendant votre jeuneffe, vous formeront le cœur & l'efprit : elles vous rendront capables de remplir les devoirs de l'état* auquel *Dieu vous deftine.*

Dont toujours rég. comp. fe dit également des perf. & des ch. il fe met pour *duquel, de laquelle, defquels, defquelles,* qui ne peuvent fuivre immédiatement le fubftantif auquel ils fe raportent. Ex.

> Aux bons mots que l'on dit, Damon joignez les vôtres
> Mais faites quand vous en direz,
> Que ceux *dont* vous vous raillerez
> Puiffent rire comme les autres.

Le *menfonge eft un vice* dont *les jeunes gens ne fauroient avoir trop d'horreur.* Ce qui eft beaucoup mieux que, ceux *defquels,* un vice *auquel.*

Quoi quelquefois rég. fimp. prefque touj. comp. ne fe dit que des ch. abfolument inanimées. Ex. *Votre frere m'a dit beaucoup de chofes : ne me demandez pas* quoi *, car il m'a fait un galimathias* à quoi ou auquel *je n'ai rien compris.*

Quoi s'emploie pour *lequel, duquel, auquel, &c.* qui ne doit pas fe raporter à un mot dont le fens eft indéfini ou indéterminé, comme *ce, rien.* Ex. *Il n'y a* rien fur quoi *on ait plus travaillé. Nous devrions travailler à guérir les maladies de l'ame, c'eft* à quoi *cependant nous ne penfons guere.*

Y & EN. *Y* fe dit des ch. & quelquefois des perf. *En* fe dit également des perf. & des ch. Ex.

L'honneur eft comme une île efcarpée & fans bords,
On n'y peut plus rentrer dès qu'on *en* eft dehors.

On fe fert bien du pron. *y* avec raport aux perf. dans les réponfes aux interrogations, comme : *penfez-vous à lui, à eux ? oui j'y penfe.*

Le, la, les rég. fimpl. fe difent des perf. & des ch. Ex. *La victoire qu'il tient déja, un coup de fabre qu'il reçoit fur la tête eft fur le point de la* lui *ravir.* M. Maffillon or. fun. du Prince de Conti.

On ne doit pas omettre *le, la, les* avant *lui & leur,* quand le verbe doit avoir deux reg. l'un de la perf. & l'autre de la ch. c'eſt ce qu'on vient de voir dans l'Ex. précéd. ainſi il y a une faute dans ce qui ſuit. *Le Duc de Bouillon fut obligé de céder au Roi* (Henri IV.) *la ville de Sédan ; mais ce Prince content de ſa ſoumiſſion* lui *rendit au bout d'un mois.* Il falloit *la lui* rendit. *Lui ,* pour *au Duc de Bouillon ,* la pour *la ville.*

Où , d'où , par où peuvent être regardés comme pron. relat. quand ils s'emploient pour *auquel , à laquelle , &c. dans lequel , dans laquelle , duquel , de laquelle , par lequel , par laquelle , &c.* comme : *Philippe dit à ſon fils Alexandre , en lui donnant Ariſtote pour précepteur ; apprenez ſous un ſi bon maître à éviter les fautes où je ſuis tombé. Où* eſt là pour *dans leſquelles. Henri IV. regardoit la bonne éducation de la jeuneſſe comme une choſe* d'où *dépend la félicité des Royaumes & des peuples. D'où* eſt pour *de laquelle.*

DES PRONOMS ABSOLUS.

Qui , quel , que , quoi s'appellent pron. abſolus , quand ils n'ont point de raport à un nom qui précede ; comme : *je ſais qui vous a appellé.*

Qui pron. abſol. ne ſe dit que des perſ. ainſi ne dites point avec l'Auteur d'une Géographie : *qui* ſont les Etats du Nord ? il faut dire , *quels* ſont les Etats du Nord ?

Qui & *quel* font fujets, quand ils peuvent fe tourner par *quel eft celui*, ou *quelle eft celle* qui; comme : *dites-moi* QUI *m'a appellé*; c. à d. *quel eft celui* qui *m'a appellé*.

Qui & *quel* font rég. quand ils peuvent fe tourner par *quel eft celui*, *quelle eft celle que*. Ex. *Je fais* QUI *vous prétendez accufer*, c. à d. *je fais quel eft celui* que *vous prétendez accufer*. *J'ignore* LAQUELLE *je prendrai*, c. à d. *quelle eft celle* que *je prendrai*.

Que ordinairement rég. fimple, fe met quelquefois pour *à quoi* & *de quoi*. Il fignifie *quelle chofe*; c'eft le *quid* des Latins. Ex. Que *dites-vous de nouveau*? Que *fert-il à l'avare d'avoir des thréfors*? Que *fert la fcience fans la probité*? c. à d. de quoi *fert-il*, à quoi *fert la fcience*, &c.

Quoi fignifie *quelle chofe*, comme : quand on ne s'applique p   'ans la jeuneffe, on ne fait *à quoi* ou *   quelle chofe* s'occuper dans l'âge viril.

Quoi eft d'un ufage indifpenfable, quand il doit tenir lieu d'un membre de phrafe; comme : *avec la prodigalité vous ferez généreux pendant fix mois*, après quoi *vous ne pourez plus l'être* : *avec la fage economie vous ferez généreux toute votre vie*. Ici *après quoi* eft mis pour, *après que vous aurez eté généreux pendant fix mois*.

Il a manqué à fon ami, *à fon bienfaiteur*,

en quoi *il eſt doublement coupable.* Dict.
Acad.

Dans ces exemples on ne pouroit pas
employer quelle choſe.

DES PRONOMS INDÉFINIS.

Les *pron. indéf.* ſont ceux qui expriment
un objet vague & indéterminé. Tels ſont
*on , quelqu'un , perſonne , rien , ce , celui ,
autrui , l'un l'autre.* Quand je dis , *on frape
à la porte , quelqu'un vous appelle ;* je parle
d'une perſ. mais je ne déſigne pas quelle
elle eſt.

On , m. ſing. déſigne le ſujet. E x.

Ce qu'on donne aux méchants , toujours on le regrette.

R E M. Quoique *on* & le verbe qui s'y raporte ſoient au ſing. je crois qu'il faut dire :
on *ſe battit* en deſeſpérés au plur. parce que
c'eſt comme s'il y avoit, on *ſe battit* en gens
deſeſpérés, ou comme des gens deſeſpérés.

R E M. 2. *On* après les mots *ſi , &, ou ,*
eſt ordinairement précédé de *l'.* Ex. Si l'on
*ſavoit borner ſes deſirs , on eviteroit bien des
maux ,* & l'on *ſe procureroit beaucoup de
biens.*

On obſerve la même choſe quand *on* doit
ſe trouver entre *que* & la ſyllabe *com* ou
con. Ex. *On apprend beaucoup mieux les cho-*

ſes que l'on comprend , *que celles* que l'on ne comprend pas.

Quelqu'un. On ne dit pas *un quelqu'un.* Dites , quelqu'un *qui ſait la politeſſe a ſoin de ne rien dire de déſobligeant à perſonne.* Pluſieurs perſonnes font cette faute.

Chacun eſt ſingul. Cependant dans les phraſes où il y a un plur. dont *chacun* doit faire la diſtribution , on emploie *leur* quand on place *chacun* avant le rég. du verbe ; comme : *ils ont apporté* chacun *leur offrande* & *ont rempli* chacun *leur devoir de religion. Chacun* eſt ici avant *leur offrande , leur devoir* rég. des verbes.

Si l'on place *chacun* après les rég. du verbe , alors on emploie *ſon , ſa , ſes* après *chacun.* Comme : *ils ont tous apporté des offrandes au temple ,* chacun *ſelon ſes vues* & *ſa dévotion. Cirus après la mort de Balthaſar récompenſa tous ſes Officiers ,* chacun *ſelon ſes mérites* & *ſes ſervices.*

Perſonne précédé ou ſuivi de *ne* ſignifie *nul homme ,* & répond au *nemo* des Latins. Comme : ne *mépriſez* perſonne. *Bien des gens ſe plaignent de leur mémoire ;* perſonne ne *ſe plaint de ſon jugement.*

Perſonne ſans négation ſignifie *quelqu'un* ou *aucun ,* en latin *quiſquam.* Ex. *Je doute que* perſonne *ait mieux connu les hommes que la Bruyere.*

Rᴇᴍ. *Perfonne* eſt *m. f.* ainſi quoiqu'on dife en parlant d'un homme ; *je ne connois* perfonne ſi prudent *que lui ;* on ne dit point en parlant à une femme ; *je ne connois* per-fonne *ſi prudente , ſi heureuſe que vous.* Il faut dire , en ſe ſervant du ſubſtantif *per-fonne ; je ne connois point* de perfonne ſi pru-dente , ſi heureuſe que vous.

Rien pron. m. ſing. Précédé ou ſuivi de *ne* , il ſignifie *nulle choſe* , en latin *nihil.* L'adjectif qui ſuit immédiatement le pron. *rien* doit être précédé de la prép. *de.* Ex. *Quand on n'a* rien de grand *que la naiſſance, on eſt & l'on paroit d'autant plus petit que cette naiſſance eſt plus grande.* M. Trublet.

Rien ſans négation ſignifie *quelque choſe ,* en latin *quicquam.* Ex. Rien *flatte-t-il ſi dé-licieuſement l'eſprit & l'oreille , qu'un diſ-cours ſagement penſé & noblement exprimé.* M. d'Olivet

Ce. Le verbe *être* joint à *ce* eſt toujours à la 3ᵉ perſ. du ſing. quand il eſt ſuivi de *moi , toi , nous , vous* , ou d'un rég. comp. Ex. *C'eſt moi , ce ſera toi , nous , vous ; c'etoit à eux , à elles , à nous* , &c. *Eſt , ſera* ſont ici à la ʒe perſ. quoique joints *à moi , toi , nous , vous* De plus *ſera* ſe trouve au ſing. quoique joint aux plur. *nous , vous.*

Mais ſi *ce* & *être* ſont ſuivis des pron. *eux , elles* , ou d'un nom plur. ſans prép.

alors le verbe ſe met au plur. Ex. Ce ſont *vos ancêtres , qui par leurs vertus & leurs belles actions vous ont mérité la qualité de no-bles :* ce ſont *eux qui vous rendent illuſtres ; imitez-les , ſi vous ne voulez pas dégénérer.*

Autrui ſans genre, ni nombre, ne ſe dit que des perſ. Ex. *Ne faites pas* à autrui *ce que vous ne voudriez pas qu'on vous fît.*

REM. Comme *autrui* n'a point de nom-bre, je ne crois pas qu'on puiſſe dire : *En epouſant les interets* d'autrui *, nous ne devons pas epouſer* leurs *paſſions.* Je ne dirois pas non plus *ſes paſſions ;* mais je mettrois *nous ne devons pas* en *epouſer les paſſions.* Je crois que le mot autrui préſentant quelque choſe d'indéterminé , on ne doit y faire raporter ni *ſon , ſa , ſes ,* ni *leur, leurs.*

L'un l'autre, l'une l'autre , &c. Quand ces mots ne ſont point ſéparés , ils expri-ment un raport réciproque entre pluſieurs perſ. ou pluſieurs ch. Alors *l'un, l'une* ſont touj. ſans prépoſ. *l'autre , les autres* peu-vent être précédés d'une prép. & ils ſe ra-portent au régime auquel ils ſont ajoutés. Ex. *Les petits ſouffrent preſque toujours de la guerre que les Grands ſe font* les uns aux autres.

L'un , l'autre employés ſéparément mar-quent diviſion de pluſ. perſ. ou de pluſ. ch. Alors *l'un, l'une,* &c. ſont mis pour les perſ.

ou les ch. dont on a parlé d'abord ; *l'autre
& les autres* pour les perf. ou les ch. dont
on a parlé en dernier lieu. Ex. *La mauvaise
fortune est plus avantageuse à l'homme que la
bonne :* l'une *sert à le faire rentrer en lui-même , à l'humilier & à le convaincre de l'in-
constance des choses du monde ;* l'autre *ne sert
souvent qu'à l'enorgueillir.*

Des Pronoms de'monstratifs

Les *pron. démonst.* indiquent & mettent,
pour ainsi dire , sous les yeux la perf. ou la
ch. dont ils tiennent la place. Tels font ,
ceci , cela , celui-ci , celui-là.

Ceci, cela , masc. sing. ne se disent que
des ch. Ex. *Ameublements , habillements ,
equipages, rien de tout* cela *ne rend un homme
plus grand ni plus estimable , &c.* Ceci *est
tiré du traité des etudes de M. Rollin.*

Celui-ci , celui-là, au fém. *celle-ci , celle-
là* pour le sing. au plur. *ceux-ci , ceux-là* m.
celles-ci , celles-là fem. se disent des perfonnes & des chofes.

Celui-ci , celle-ci , &c. défignent des objets proches ; & *celui-là , celle-là , &c.* des
objets eloignés. Ex. *Le corps périt , l'ame
est immortelle ; cependant tous les soins font
pour* celui-là *, tandis qu'on néglige* celle-ci.

DES ADJECTIFS PRONOMINAUX.

Mon, ton, fon, m. f. s'emploient auffi au f. quand ils font fuivis d'un adjectif qui commence par une voyelle ou une *h* non afpirée ; comme *mon ame, fon indifférence, ton humeur.* Hors de ce cas *mon, ton, fon,* font au f. *ma, ta, fa.* Ils font au plur. *mes, tes, fes* pour les 2 genres. *Ma fœur, mes fœurs. Sa harangue.*

Notre, votre, leur fing. des 2 genres, font au pl. *nos, vos, leurs* auffi pour les 2 genres.

Nota. Ne confondez pas *leur* joint au verbe, avec *leur* joint au nom. *Leur* joint au verbe ne prend jamais d'*s*. *Leur* joint au nom prend une *s* quand le nom eft au plur. **Ex.** *Le pardon des ennemis ne confifte pas feulement à ne* leur *nuire, ni dans* leur *réputation, ni dans* leurs *biens ; il faut encore les aimer véritablement, &* leur *faire plaifir, fi l'occafion s'en préfente.*

Le mien, le tien, le fien, le nôtre, le vôtre, le leur, font au f. *la mienne,* &c. *la vôtre, la leur.* Ils forment le plur. en ajoutant une *s. Les miens,* &c. *les nôtres, les leurs.*

R. 1. *Le mien, le tien, le fien, le nôtre, le vôtre, le leur,* fe raportent toujours à quelque nom qui précede ; ainfi ne commencez

pas une lettre par : *j'ai reçu la vôtre*. Dites :
j'ai reçu votre lettre.

R. 2. *Son*, *ſa*, *ſes*, *leur* ne peuvent pas
toujours ſe joindre à un ſubſtantif de choſes inanimées.

Quand *ſon*, *ſa*, *ſes*, *leur*, *leurs* ſont précédés d'un ſubſt. de choſes inanimées, ils
ne peuvent ſe joindre à un ſecond ſubſt.
ſans prép. que quand le ſecond ſubſt. eſt
dans la même phraſe & ſe raporte au même
verbe que le premier. On dira bien, *la
Seine a* ſa ſource *en Bourgogne*, *&* ſon embouchure *au Havre de Grace ;* parce que
la Seine, *ſa ſource*, *ſon embouchure* ſont
dans la même phraſe.

Mais on ne dira pas : *Paris eſt beau*, *j'admire* ſa grandeur, ſes bâtiments, ſes promenades. *Ces arbres ſont bien expoſes*, *cependant* leurs fruits *ne ſont pas bons.* Il faut
alors ſe ſervir du pron. *en*, & dire : *Paris
eſt beau*, *j'en admire la grandeur*, *les bâtiments*, *&c. Ces arbres ſont bien expoſes*, *cependant les fruits* n'en ſont pas bons.

Nota. Cette regle n'a lieu que quand
ſon, *ſa*, *ſes*, *leur* ſont en ſujet ou en rég.
ſimp. car quoiqu'on ne diſe pas, *Paris eſt
beau*, *en admire ſes bâtiments*, *ſes belles promenades ;* on dira bien, *Paris eſt beau*, *on
admire la beauté* de ſes promenades, de ſes
Egliſes, &c.

R. 3. Le *mien, le tien, le sien, le vôtre,
le nôtre, le leur, celui,* ne peuvent se rapporter aux subst. de ch. comme *ame, bel
esprit, plume, épée,* &c. quand ces subst.
sont mis pour la perf. On dit en parlant
d'un excellent Ecrivain : *il n'y a pas dans
l'Académie une meilleure* plume que lui ;
que Monsieur ; & non pas *que la sienne,
que celle de Monsieur. Il n'y a pas au monde
de meilleure* épée que vous. Si l'on disoit ,
il n'y a pas de meilleure épée que la vôtre ,
cela signifieroit , *l'épée que vous avez est de
la meilleure trempe.* Bouhours.

R. 4ᵉ. Les Pronoms *je , tu , il , me , te ,
se, nous , vous ,* rendent quelquefois inuti-
les *mon , ton , son , notre , votre , leur ;* c'est
lorsqu'il n'y a point d'equivoque à craindre , ou qu'au lieu du verbe & de *mon ,
ton , son , notre, votre ,* ou *leur ,* on peut employer un verbe pronominal , c. à d. qui a
deux pron. de la même perf. On dit , *j'ai
mal* à la tête , *vous avez mal* aux ieux , *il
s'est fait mal* à la jambe ; & non pas , *j'ai
mal* à ma tête , *vous avez mal* à vos ieux,&c.

Quand je dis *j'ai mal à la tête ,* on con-
çoit assez que c'est à la mienne. Mais il faut
dire , *je vois que ma jambe s'enfle ,* parce que
je puis voir enfler la jambe d'un autre aussi
bien que la mienne.

On dit aussi , *quelque chose qu'il fasse il se*

trouve toujours fur fes jambes. Je l'ai vu de mes propres ieux. Vous l'avez entendu de vos propres oreilles.

On peut auffi employer *mon*, *ton*, *fon*, *leur*, &c. quand on parle d'un mal habituel : comme, *ma migraine m'a violemment tourmenté. Son mal de dents l'a repris*, &c.

R. 5e.*Mon*, *ton*, *fon*, *notre*, *votre*, *leur* fe répetent 1°. avant chaque fubftantif, 2°. avant les adject. qui fignifient des ch. différentes. Ex Son *pere & fa mere font venus* ; & non pas, fes *pere & mere*, &c. *J'ai lu* fes *grands &* fes *petits ouvrages.*

Ce, m. f. s'emploie avant un nom qui commence par une confonne ou une *h* afpirée. Comme : *ee livre*, *ce Héros. Cet*, m. f. fe met avant une voyelle ou une *h* non afpirée. *Cet enfant*, *cet homme. Cette* eft f. f. comme *cette ville. Ces* eft plur. des deux genres, *ces hommes*, *ces villes.*

Ce. On ajoute quelquefois *ci* & *là* après le fubft. qui fuit *ce.* Ex. *Ce livre-ci*, *ce jour-là* ; mais ne dites point, *ce livre ici*, *cet homme ici.*

Quelque . . . . . que fignifie à peu près la même ch. que *quoique.* Quand il y a un fubftantif entre *quelque* & *que*, alors on met *quelque* au même nombre que ce fubft. Ex. Quelques efforts *qu'on faffe pour cacher la vérité*, *tôt ou tard elle fe découvre.* (En latin, *quantufcunque*, *quantus-libet.*)

Quand il n'y a qu'un adj. entre *quelque*
& *que* , alors *quelque* ne prend point d's au
plur. Ex. Quelque habiles , quelque éclai-
rés *que vous foyez , ne faites pas un vain éta-
lage de votre fcience.* (En latin *, quantumvis.*)

Quel que en deux mots. *Quel* fuivi de *que*
défigne une qualité & répond au *qualif-
cumque* des Latins. Il faut fe fervir de *quel
que* , quand on veut placer le fubft. après
le *que* & le *verbe.* Ex.

L'homme le mieux vengé *quelle que* foit l'offenfe.
Doit être le premier à pleurer fa vengeance.

Mais fi l'on plaçoit un fubft. ou un adj.
avant le *que* & le *verbe* , on emploieroit
alors *quelque* en un feul mot. *V.* ci-deffus.

Quoi que en deux mots , fignifie *quelque
chofe que.* Ex.

Quoi que vous écrivez évitez la baffeffe :
Le ftile le moins noble a pourtant fa nobleffe. BOIL.

Il vaut mieux pour la clarté employer
quelque chofe que.

Même fignifie identité ou parité , en latin *idem , eadem , idem* ; & alors il fe place
avant le fubft. Ex. *Les* mêmes *manieres qui
féent bien quand elles font naturelles , rendent ridicule quand elles font affectées.*

Même s'emploie auffi pour donner plus
de force & d'energie au difcours ; & alors
il fe place après le fubftantif ou le pronom.

Ex. *Les bêtes* mêmes *nous apprennent à avoir de la reconnoiſſance.*

Le bonheur peut conduire à la grandeur ſuprême :
Mais pour y renoncer il faut la vertu *même.* CORN.

Même s'emploie encore dans le ſens d'*auſſi, de plus, en outre ;* alors il n'a ni genre, ni nombre. Ex. *Les Magiſtrats doivent rendre la juſtice à tout le monde,* même *à leurs ennemis.*

DU VERBE.

LE principal uſage du *Verbe* eſt d'affirmer.

Le *Verbe* déſigne le temps, les nombres, les perſonnes ; & il marque ou l'état du ſujet, ou ce qu'il fait, ou ce qu'il reçoit.

Nos différentes ſortes de Verbes ſont le *Verbe ſubſtantif,* les *Verbes actifs,* les *Verbes paſſifs,* les *Verbes neutres,* les *Verbes pronominaux,* & les *Verbes imperſonnels.*

Le *Verbe ſubſtantif* marque l'exiſtence ou l'état du ſujet. L'exiſtence dans, je penſe; donc je *ſuis* ; l'etat dans, le *vrai Chrétien* EST TRANQUILLE, il SERA HEUREUX *dans l'autre monde.*

REM. Cette notion convient auſſi aux Verbes ſuivis d'un adj. ou même d'un ſub. qui ſe raporte au ſujet; comme : *vous de-*

viendrez vertueux. *Votre frere eſt revenu* malade. *Votre propoſition me ſemble* vraie. *Suzanne s'eſt trouvée* innocente. *Il s'appellera* Jean. Tous ces Verbes expriment comme le Verbe *être* l'etat ou quelque attribut du ſujet dont ils ſe diſent.

Le *Verbe actif* eſt celui qui ayant ou pouvant avoir un rég. ſimp. exprime une action faite par le ſujet. Comme *Dieu punira les méchants.*

Le *Verbe paſſif* au contraire exprime une action reçue ou ſouferte par le ſujet. Comme *les méchants ſeront punis de Dieu.*

Le *Verbe neutre* ou n'exprime pas d'action, ou exprimant une action n'a point de régime, ou n'a qu'un rég. comp. Ainſi les Verbes neutres ſont de trois ſortes.

Les uns expriment ſeulement un etat ou quelqu'autre attribut, comme *repoſer, régner, exceller,* &c.

Les autres expriment une action, mais ils n'ont point de rég. comme : *je danſe, je ſors, vous partez.*

D'autres enfin expriment une action & ont un rég. comp. comme *parler à quelqu'un. On mépriſe ceux qui médiſent de leur prochain.*

R. Le Verbe actif a toujours un paſſif & un rég. ſimp. Le Verbe neutre au contraire n'a ni paſſif ni régime ſimple.

Cependant le Verbe neutre *obéir* à quelqu'un, a un paffif. Le Roi veut *être obéi.* On dit auffi à l'imperfonnel, *il a eté parlé* de cette affaire.

Les *Verbes pronominaux* font ceux qui fe conjuguent avec deux pron. de la même perf. comme *je me repens, je me meurs, tu te meurs,* &c.

Ces *Verbes pron* ont la fignification paffive, quand le fujet ou le nominatif eft un nom de chofes inanimées, & quelquefois quoique le fujet foit un nom de perf. Ex. *Une vieille habitude* fe quitte *difficilement,* c. à d. *eft quittée. Suzanne* s'eft trouvée *innocente,* c'eft-à-dire *a eté trouvée* innocente.

Les *Verbes pron.* s'appellent *réfléchis,* quand l'action qu'ils expriment retombe fur celui qui la fait ; comme *je me bleffe.*

Les *Verbes imperfonnels* font ceux qui ne s'emploient qu'à la 3e perf. du fing. comme *il faut, il pleut, il importe.*

REM. Les *Verbes perfonnels* s'emploient quelquefois dans le fens des *imperfonnels.*

Un Verbe à la 3e perf. du fing. eft *imperf.* quand on ne peut pas fubftituer de nom à la place du pron. *il.* Ex. *Nous tenons tout de Dieu ; il convient ; il eft jufte que nous lui raportions toutes nos actions.* Il *convient,* il *eft jufte* font ici *imperfonnels.*

DES CONJUGAISONS DES VERBES.

Le mot de *Conjugaifon* fignifie affemblage. Conjuguer un Verbe, c'eft en affembler ou en réciter les différentes terminaifons.

Les Verbes *avoir* & *être* font appellés Verbes *Auxiliaires*, du mot latin *auxilium* (aide, fecours) parce qu'ils aident à conjuguer les autres Verbes.

En voici d'abord la Conjugaifon. Nous ajouterons fur la même page celle des Verbes en *er*; au Verbe *avoir* nous joignons le fubftantif *foin*, afin que les enfants voient que *j'ai* avec un fubftantif marque un préfent, & qu'avec un participe il marque le paffé, &c.

CONJUGAISONS DES VERBES

Avoir, Etre, Aimer.

INFINITIF.

PRÉSENT.

Avoir (foin)	Etre.	Aimer.

PARTICIPE.

Eu, eue.	Eté.	Aimé.

PARFAIT.

Avoir *eu.*	Avoir eté.	Avoir aimé.

GÉRONDIF PRÉSENT.

Ayant.	Etant.	Aimant.

GÉRONDIF PASSÉ.

Ayant *eu.*	Ayant eté.	Ayant aimé.

INDICATIF.

PRÉSENT ABSOLU.

J'ai (foin)	Je fuis	J'aime.
Tu as	Tu es	Tu aimes.
Il, elle a	Il, elle eft	Il, elle aime.
Nous avons	Nous fommes	Nous aimons.
Vous avez	Vous êtes	Vous aimez.
Ils, elles ont	Ils, elles font	Ils, elles aiment.

IMPARFAIT OU PRÉSENT RELATIF.

J'avois (foin)	J'etois	J'aimois.
Tu avois	Tu etois	Tu aimois.
Il avoit	Il etoit	Il aimoit.
Nous avions	Nous etions	Nous aimions.
Vous aviez	Vous etiez	Vous aimiez.
Ils avoient	Ils etoient	Ils aimoient.

PARFAIT DÉFINI.

J'eus (foin)	Je fus	J'aimai.
Tu eus	Tu fus	Tu aimas.
Il eut	Il fut	Il aima.
Nous eumes	Nous fumes	Nous aimâmes.
Vous eutes	Vous futes	Vous aimâtes.
Ils eurent	Ils furent	Ils aimerent.

PARFAIT INDÉFINI.

J'ai eu (foin)	J'ai eté	J'ai aimé.
Tu as eu	Tu as eté	Tu as aimé.
Il a eu	Il a eté	Il a aimé.
Nous avons eu	Nous avons eté	Nous avons aimé.
Vous avez eu	Vous avez eté	Vous avez aimé.
Ils ont eu	Ils ont eté	Ils ont aimé.

PARFAIT ANTÉRIEUR.

J'eus eu (foin)	J'eus eté	J'eus aimé.
Tu eus eu	Tu eus eté	Tu eus aimé.
Il eut eu	Il eut eté	Il eut aimé.
Nous eumes eu	Nous eumes eté	Nous eumes aimé
Vous eutes eu	Vous eutes eté	Vous eutes aimé.
Ils eurent eu	Ils eurent eté	Ils eurent aimé.

PLUSQUE-PARFAIT.

J'avois eu (foin)	J'avois eté	J'avois aimé.

Tu avois eu	Tu avois eté	Tu avois aimé.
Il avoit eu	Il avoit eté	Il avoit aimé.
Nous avions eu	Nous avions eté	N. avions aimé.
Vous aviez eu	Vous aviez eté	Vous aviez aimé.
Ils avoient eu	Ils avoient eté	Ils avoient aimé.

FUTUR SIMPLE OU ABSOLU.

J'aurai (foin)	Je ferai	J'aimerai.
Tu auras	Tu feras	Tu aimeras.
Il aura	Il fera	Il aimera.
Nous aurons	Nous ferons	Nous aimerons.
Vous aurez	Vous ferez	Vous aimerez.
Ils auront	Ils feront	Ils aimeront.

FUTUR COMPOSE', ANTE'RIEUR OU RELATIF.

J'aurai eu (foin)	J'aurai eté	J'aurai aimé.
Tu auras eu	Tu auras eté	Tu auras aimé.
Il aura eu	Il aura eté	Il aura aimé.
Nous aurons eu	Nous aurons eté	N. aurons aimé.
Vous aurez eu	Vous aurez eté	Vous aurez aimé.
Ils auront eu	Ils auront eté	Ils auront aimé.

CONDITIONNEL PRE'SENT.

J'aurois (foin)	Je ferois	J'aimerois.
Tu aurois	Tu ferois	Tu aimerois.
Il auroit	Il feroit	Il aimeroit.
Nous aurions	Nous ferions	Nous aimerions.
Vous auriez	Vous feriez	Vous aimeriez.
Ils auroient	Ils feroient	Ils aimeroient.

CONDITIONNEL PASSE'.

J'aurois eu (foin)	J'aurois eté	J'aurois aimé.
Tu aurois eu	Tu aurois eté	Tu aurois aimé.
Il auroit eu	Il auroit eté	Il auroit aimé.
Nous aurions eu	Nous aurions eté	N. aurions aimé.
Vous auriez eu	Vous auriez eté	V. auriez aimé.
Ils auroient eu	Ils auroient eté	Ils auroient aimé.

Autrement.

J'euffe eu (foin)	J'euffe eté	J'euffe aimé.
Tu euffes eu	Tu euffes eté	Tu euffes aimé.
Il eut eu	Il eut eté	Il eut aimé.
Nous euffions eu	Nous euffions eté	N. euffions aimé.
Vous euffiez eu	Vous euffiez eté	V. euffiez aimé.

Ils euſſent eu   Ils euſſent été   Ils cuſſent aimé.

IMPE'RATIF,

PRE'SENT OU FUTUR.

Point de premiere perſonne.

Aie (ſoin)	Sois	Aime.
Qu'il ait	Qu'il ſoit	Qu'il aime.
Ayons	Soyons	A'mons.
Ayez	Soyez	Aimez.
Qu'ils aient	Qu'ils ſoient	Qu'ils aiment.

SUBJONCTIF ou CONJONCTIF,

PRE'SENT OU FUTUR.

Que j'aie (ſoin)	Que je ſois	Que j'aime.
Que tu aies	Que tu ſois	Que tu aimes.
Qu'il ait	Qu'il ſoit	Qu'il aime.
Que nous ayions	Que nous ſoyions	Que n. aimions.
Que vous ayiez	Que vous ſoyiez	Que vous aimiez.
Qu'ils aient	Qu'ils ſoient	Qu'ils aiment.

IMPARFAIT.

Que j'euſſe (ſoin)	Que je fuſſe	Que j'aimaſſe.
Que tu euſſes	Que tu fuſſes	Que tu aimaſſes.
Qu'il eût	Qu'il fût	Qu'il aimât.
Que nous euſſions	Que nous fussions	Q. n. aimaſſions.
Que vous euſſiez	Que vous fussiez	Que v. aimaſſiez.
Qu'ils euſſent	Qu'ils fuſſent	Qu'ils aimaſſent.

PARFAIT.

Que j'aie eu (ſoin)	Que j'aie eté	Que j'aie aimé.
Que tu aies eu	Que tu aies eté	Que tu aies aimé.
Qu'il ait eu	Qu'il ait eté	Qu'il ait aimé.
Que n. ayions eu	Que n. ayions eté	Q. n. ayions aimé
Que v. ayiez eu	Que v. ayiez eté	Q. v. ayiez aimé.
Qu'ils aient eu	Qu'ils aient eté	Qu'ils aient aimé.

PLUSQUE-PARFAIT,

Que j'euſſe eu	Que j'euſſe eté	Que j'euſſe aimé.
Que tu euſſes eu	Que tu cuſſes eté	Q. tu euſſes aimé.
Qu'il eut eu	Qu'il eut eté	Qu'il eut aimé.
Que n. euſſions eu	Q. n. euſſions eté	Q. n. euſſions aimé
Que v. euſſiez eu	Que v. euſſiez eté	Q. v. euſſiez aimé
Qu'ils euſſent eu	Qu'ils cuſſent eté	Qu'ils euſſent ai.

Comme l'Imparfait de l'Indicatif, les Parfaits compofés, les Plufque-parfaits & les Conditionnels fe conjuguent de même dans toutes les Conjugaifons, nous ne mettrons que la premiere perfonne de ces temps : on conjuguera les autres perfonnes comme dans *aimer.*

CONJUGAISONS EN *ir.*

Finir. Sentir. Ouvrir. Tenir.

INFINITIF.

	Finir	Sentir	Ouvrir	Tenir
Préf.	Finir	Sentir	Ouvrir	Tenir.
Part.	- Fini	Senti	Ouvert	Tenu.
Parf.	Avoir fini	Avoir fenti	Avoir ouvert	Avoir tenu.
Gér. Pr.	Finiffant	Sentant	Ouvrant	Tenant.
G. P.	Ayant fini	Ayant fenti	Ayant ouvert	Ayant tenu.

INDICATIF.

	Finir	Sentir	Ouvrir	Tenir
Préfent.	Je finis	fens	ouvre	tiens
	Tu finis	fens	ouvres	tiens
	Il finit	fent	ouvre	tient
	N. finiffons	fentons	ouvrons	tenons
	V. finiffez	fentez	ouvrez	tenez
	Ils finiffent	fentent	ouvrent	tiennent
Imp.	Je finiffois	fentois	ouvrois	tenois
Parf. déf.	Je finis	fentis	ouvris	tins
	Tu finis	fentis	ouvris	tins
	Il finit	fentit	ouvrit	tint
	N. finimes	fentimes	ouvrimes	tinmes
	V. finites	fentites	ouvrites	tintes
	Ils finirent	fentirent	ouvrirent	tinrent
P. indéf.	J'ai fini	fenti	ouvert	tenu
P. ant.	J'eus fini	fenti	ouvert	tenu
Plufq.	J'avois fini	fenti	ouvert	tenu
Fut. S.	Je finirai	fentirai	ouvrirai	tiendrai
Fut. Comp.	J'aurai fini	fenti	ouvert	tenu
Cond. préf.	Je finirois	fentirois	ouvrirois	tiendrois
Cond. paf.	J'aurois fini	fenti	ouvert	tenu
	Ou J'euffe fini	fenti	ouvert	tenu

IMPE'RATIF.

IMPE'RATIF.

Finis	fens	ouvre	tiens
Qu'il finiffe	fente	ouvre	tienne
finiffons	fentons	ouvrons	tenons
finiffez	fentez	ouvrez	tenez
Qu'ils finiffent	fentent	ouvrent	tiennent

SUBJONCTIF ou CONJONCTIF.

Préf. que je finiffe	fente	ouvre	tienne
q. tu finiffes	fentes	ouvres	tiennes
qu'il finiffe	fente	ouvre	tienne
q. n. finiffions	fentions	ouvrions	tenions
q. v. finiffiez	fentiez	ouvriez	teniez
qu'ils finiffent	fentent	ouvrent	tiennent
Imparf. que je finiffe	fentiffe	ouvriffe	tinffe
q. tu finiffes	fentiffes	ouvriffes	tinffes
qu'il finît	fentît	ouvrît	tînt
q. n. finiffions	fentiffions	ouvriffions	tinffions
q. v. finiffiez	fentiffiez	ouvriffiez	tinffiez
qu'ils finiffent	fentiffent	ouvriffent	tinffent
Parf. que j'aie fini	fenti	ouvert	tenu
Pluf. que j'euffe fini	fenti	ouvert	tenu

Verbes en oir *& en* re.

Devoir. Plaire. Paroître. Réduire.

INFINITIF.

Préfent, devoir	plaire	paroître	réduire
Participe, du	plu	paru	réduit
Parf. avoir du	avoir plu	avoir paru	avoir réduit
Gér. préf. devant	plaifant	paroiffant	réduifant
Gér. paffé, ayant du	ayant plu	ayant paru	ayant réduit

INDICATIF.

Préf. je dois	plais	parois	réduis
tu dois	plais	parois	réduis
il doit	plait	paroit	réduit
n. devons	plaifons	paroiffons	réduifons
v. devez	plaifez	paroiffez	réduifez
ils doivent	plaifent	paroiffent	réduifent
Imp. je devoi.	plaifois	paroiffois	réduifois

C

P. déf. je dus	plus	parus	réduifis
P. ind. j'ai du	plu	paru	réduit
P. ant. j'eus du	plu	paru	réduit
Plufq. j'avois du	plu	paru	réduit
F. fimp. je devrai	plairai	paroitrai	réduirai
F. comp. j'aurai du	plu	paru	réduit
C. préf. je devrois	plairois	paroitrois	réduirois
C. paffé, j'aurois du	plu	paru	réduit
Ou j'euffe du	plu	paru	réduit

IMPE'RATIF.

Dois	plais	parois	réduis
Qu'il doive	plaife	paroiffe	réduife
devons	plaifons	paroiffons	réduifons
devez	plaifez	paroiffez	réduifez
Qu'ils doivent	plaifent	paroiffent	réduifent

SUBJONCTIF ou CONJONCTIF.

Préf. que je doive	plaife	paroiffe	réduife
q. tu doives	plaifes	paroiffes	réduifes
qu'il doive	plaife	paroiffe	réduife
q. n. devions	plaifions	paroiffions	réduifions
q. v. deviez	plaifiez	paroiffiez	réduifiez
qu'ils doivent	plaifent	paroiffent	réduifent
Imp. que je duffe	pluffe	paruffe	réduififfe
Parf. que j'aie du	plu	paru	réduit
Pluf. que j'euffe du	plu	paru	réduit

Verbes Paffifs & Pronominaux.

INFINITIF.

Préfent, être porté	fe plaindre	fe rendre
Participe, porté, ée	plaint	rendu
Parf. avoir eté porté	s'être plaint	s'être rendu
Gér. préf. etant porté	fe plaignant	fe rendant
G. paf. ayant eté porté	s'etant plaint	s'etant rendu

INDICATIF.

Préf. je fuis porté	je me plains	je me rends
tu es porté	tu te plains	tu te rends
il eft porté	il fe plaint	il fe rend

n. fommes portés n. n. plaignons n. n. rendons
vous êtes portés v. v. plaignez v. v. rendez
ils font portés ils fe plaignent ils fe rendent
Imparf. j'etois porté je me plaignois je me rendois
P. déf. je fus porté je me plaignis je me rendis
P. indéf. j'ai eté porté je me fuis plaint je me fuis rendu
P. ant. j'eus eté porté je me fus plaint je me fus rendu
Pluf. j'avois eté porté je m'etois plaint je m'étois rendu
Fut. S. je ferai porté je me plaindrai je me rendrai
F. C. j'aurai eté porté je me ferai pl. je me ferai ren.
C. préf. je ferois porté je me plaindrois je me rendrois
C. paf. j'aurois eté por. je me ferois pl. je me fer. rend.
Ou j'euffe eté porté je me fuffe pl. je me fuffe ren.

IMPE'RATIF.

Sois porté plains-toi rends-toi
Qu'il foit porté qu'il fe plaigne qu'il fe rende
foyons portés plaignons-nous rendons-nous
foyez portés plaignez-vous rendez-vous
Qu'ils foient portés qu'ils fe plaign. qu'ils fe rend.

SUBJONCTIF ou CONJONCTIF.

Préf. que je fois porté , je me plaigne, je me rende.
Imp. que je fuffe porté , je me plaigniffe , je me rendiffe.
Parf. q. j'aie eté porté, je me fois plaint, je me fois rendu.
Pluf. q. j'euffe eté porté, je me fuffe plaint, je me fuffe rendu

---

VERBE IMPERSONNEL.

Indicatif préfent , il faut. Cond. paffé , il auroit ,
Imparfait , il falloit. ou il eut fallu.
Parf. défini , il fallut. Subjonctif préf. qu'il faille.
Parf. indéf. il a fallu. Imparfait , qu'il fallût.
Parf. antér. il eut fallu. Parfait , qu'il ait fallu.
Plufquep. il avoit fallu , Plufquep. qu'il eut fallu.
Futur , il faudra. Infinitif , ayant fallu.
Cond. préf. il faudroit. Les autres Tèmps & l'Im-
pératif ne font pas en ufage.

REMARQUES fur AVOIR.

1°. *Avoir* fert à fe conj. lui-même dans
fes temps comp. comme *j'ai eu , j'avois eu,*

C ij

2°. *Avoir* fert à conj. les Temps Comp. du Verbe *Etre*. Comme j'*ai eté* , j'*eus eté* , j'*avois eté*.

3°. *Avoir* fert à conj. les Temps Comp, des Verbes actifs & de la plup. des Verbes neutres. Comme j'*ai donne* , j'*avois donné* , j'*ai dormi* , j'*avois dormi* , &c. Ces Verbes neut. qui fe conjuguent avec *avoir* fe con‑juguent comme les Verbes actifs.

REMARQUES fur Etre.

Etre fert à conjug. 1°. les Verbes paffifs dans tous les temps. Comme *être porté* , je *fuis porté* , &c. 2°. les Temps Comp. des Verbes pronominaux & de quelq. Verbes neutres. Comme je *me fuis bleffé* , je *fuis forti* , j'*etois arrivé* , &c.

3°. Le Verbe *Etre* avec le participe ne marque pas dans les Verbes paffifs le mê‑me temps qu'il marque dans les Verbes neutres & pronominaux. Ex. *Je fuis* avec le part. marque un préf. dans les Verbes paffifs. Comme *je fuis porté* , feror ; *je fuis prié* , rogor.

Dans les Verbes neutres & pronomin. *je fuis* avec le part. marque le parf. indéf. Comme *je fuis venu* , veni ; *je me fuis ima‑giné* , putavi , &c.

V. les Conj. où nous avons mis fur la même page le Verbe paffif & les Verbes pronom. afin qu'on vît l'emploi du Verbe *être* dans ces différentes fortes de Verbes.

4°. Les Verbes neut. qui fe conjuguent avec *être*, font *accourir, aller, arriver, choir, déchoir, décéder, demeurer, defcendre, entrer, monter, mourir, naître, partir, paffer, refter, retourner, fortir, tomber, venir* & fes comp. *convenir, devenir, parvenir, intervenir, revenir.* Ces Verbes fe conjuguent comme les pronominaux, excepté qu'on n'y emploie que le pron. fujet. Ex. *Je fuis arrivé*, &c. au lieu que le pronominal *fe rendre*, fait *je me fuis rendu.*

5°. On dit indifféremment *j'ai accouru*, ou *je fuis accouru ;* mais *courir* ne prend qu'*avoir, j'ai couru ;* & l'on ne doit pas imiter Racine qui a dit

Il en etoit forti, lorfque j'y fuis couru.

6°. *Contrevenir* & *fubvenir*, quoique compofés de *venir*, fe conjuguent avec *avoir*. Ex. Les *infideles* ont *fouvent* contrevenu *à leurs traités.* La *vraie charité* a *toujours* fubvenu *aux befoins des pauvres.*

7°. *Convenir* prend *avoir*, quand il eft imperfonnel, ou quand il fignifie *être convenable à quelqu'un.* Ex. *Il* auroit convenu *que vous euffiez préfenté vous-même la requéte. Cette maifon lui* auroit convenu.

8°. *Demeurer, defcendre, monter, paffer*, prennent tantôt *être*, tantôt *avoir.*

Demeurer prend *avoir*, quand il signifie *faire quelque séjour* dans le lieu dont on parle ; & il prend *être* quand il signifie *res-ter.* Ex. *Votre fils* a demeuré *à Paris. Pour-quoi êtes-vous revenu à Paris, & que votre frere* est demeuré *en Province ?* Ainsi il y a une faute dans ce vers de Racine

> . . . . . . ma langue embarrassée
> Dans ma bouche vingt fois *a demeuré* glacée.

Descendre, monter, prennent *avoir,* quand ils sont actifs, & *être* quand ils sont neut. Ex. *J. C.* est descendu *du Ciel en terre. Nous* avons descendu *le vin.* J'ai monté *cette montre.* Il a monté *les escaliers. Cet Officier* est monté *par dégrés aux charges mi-litaires. Le rouge lui* est monté *au visage.*

Passer prend *avoir* quand il a un régime , & *être* quand il n'en a point. Ex. Les *trou-pes Françoises* ont passé *les Alpes. Charles-quint* a passé *par la France.* La *procession* sera passée *quand vous arriverez. Cette ta-pisserie* est passée.

Passer, quoique sans rég. prend *avoir,* quand il signifie *être reçu.* Ex. *Ce mot* a passé. Mais si l'on veut faire entendre qu'il est aboli, on dira : *ce mot* est passé. *Cette mode* est passée.

De la formation des temps des Verbes.

Les temps *primitifs* des Verbes sont ceux

qui fervent à former les autres. Ce font,
1°. dans l'inf. *le préf. & le part.* 2°. dans
l'ind. la *prem. perf. fing.* avec la *prem. & la
troif perf. plur. du préf.* 3°. le *parf. déf.*

1°. De l'inf. on forme le *fut. fimp.* & le
condit. préf. en changeant *r* ou *re* en *rai,
rois.* E x.

Porter	finir	plaire	paroitre	plaindre
Je porterai	finirai	plairai	paroitrai	plaindrai
Je porterois	finirois	plairois	paroitrois	plaindrois

Les Verbes en *enir* font *le fut. & le cond.*
en *iendrai, iendrois* ; & ceux en *voir* l'ont
en *vrai, vrois.* V. les Conj.

2°. On forme les Temps Comp. en joignant au *part.* les temps des Verbes *avoir*
& *être.* V. les Conj.

3°. De la *prem. perf. pl. du préf.* fe forme
l'*imparf. de l'indic.* en changeant *ons* en *ois.*
Nous aimons, j'aimois. V. les Conjug.

4°. La *fec. perf. fing. la prem. & la fec.
perf. plur. de l'impér.* font femblables à la
prem. perf. fing. à la *prem. & à la fec. perf.
plur. du préf. de l'indicatif.* Préfent *j'aime,
nous aimons, vous aimez.* Impératif *aime,
aimons, aimez.* V. les Conjug.

5°. Le *préf. du fubj.* fe forme de la *troif.
perf. plur. du préf. de l'ind.* en retranchant
nt. Ils aiment, qu'il aime.

Les *troif. perf. fing. & plur. de l'impérat.*
font femblables aux *troif. perf. fing. & plur.*

C iv

du préf. du subj. Voyez les Conjugaisons.

6°. La *prem. & la fec. perf. plur. du préf. du fubj.* font femblables à la *prem. & à la fec. perf. plur. de l'imparf. de l'ind.* Imparf. *nous aimions, vous aimiez.* Subjonctif *que nous aimions, que vous aimiez.*

7°. Du *parf. déf* on forme l'*imparf. du fubj.* en changeant *ai* en *affe* pour la prem. Conjug & en ajoutant *fe* pour les autres. Parf. *j'aimai.* Imparf. *que j'aimaffe.* Parfait *je finis, je lus, je vins.* Imparf. *que je finiffe, que je luffe, que je vinffe.*

A ces remarques générales, il faut ajouter les fuivantes.

Remarques fur les Conjugaifons des Verbes.

DES VERBES en er.

Ler Verbes en *er* fe conjuguent comme *aimer.*

Exceptions. 1°. *Aller* fait au part. *allé* ou *eté;* aux gér. *allant; etant allé, ayant eté.* Ind. préf. *je vais* ou *je vas, tu vas, il va; n. allons, v. allez, ils vont.* Imparf. *j'allois.* Parf. déf. *j'allai* ou *je fus.* Fut. *j'irai.* Cond. préf. *j'irois.* Impér. *va, qu'il aille, allons, allez, qu'ils aillent.* Subj. préf. *que j'aille, que tu ailles, qu'il aille; que n. allions, que v. alliez, qu'ils aillent.* Imparf. *que j'allaffe.* Les temps compof. de ce Verbe fe forment avec *être* & le part. *allé*, quand on veut dire que quelqu'un eſt ou etoit ſorti pour aller en quelque lieu, & qu'il n'en eſt pas revenu. Ex. *Il eſt allé à la meſſe, au marché.* Mais ſi l'on veut faire entendre que l'on eſt, ou que l'on etoit revenu, alors on ſe ſert du Verbe *avoir* & du part. *eté.* Ex. *Il a eté à Rome. On m'a dit que vous aviez eté à Paris*, &c.

S'en aller ſe conj. comme *aller.* Le part. eſt *en allé.* Les temps comp. je *m'en ſuis allé*, je *m'en etois allé*, &c. L'impér. *va-t-en, qu'il s'en aille; allons-nous-en, allez-vous-en, qu'ils s'en aillent.* Quand on interroge, *m'en irai-je, t'en iras-tu, s'en ira-t-il, nous en irons-nous ?* &c.

2°. Dans les Verbes en *ger*, le *g* eſt toujours ſuivi d'un *e* muet dans les temps où il y a un *a* ou un *o.* Comme *juger, jugeant, jugeai, nous jugeons, je jugeois*, &c.

3°. Dans les Verbes en *ier, éer, uer*, on change dans la poéſie *er* en *rai, rois* pour le fut. & le cond. Comme *je prirai, j'emploirai, je crérois, je continurois*, &c. Mais dans la proſe la plupart des Auteurs écrivent *je prierai, j'emploierai, je continuerai*, &c.

4°. Dans les Verbes en *oyer, ayer*, comme *employer, eſſayer*, &c. on écrit au préſent *nous employons, vous employez.* A l'imparf.

de l'ind. & au préf. du fubj. *n. employions ;
v. employiez ; que n. effayions, q. v. effayiez.*

Dans les Verbes en *ier ,* comme *prier ,*
il faut ecrire au préf. *nous prions , v. priez.*
A l'imparf. indic. & au préf. du fubj. *nous
pryons , que vous pryez ,* &c.

5°. *Envoyer* & *renvoyer* font au futur &
au cond. *j'enverrai ,* j'enverrois , je *renver-
rai ,* &c.

6o. Dans les Verbes en *er* & dans ceux
dont la prem. perf. du préf. de l'ind. eft
en *e* muet , la fec. perf. fing. de l'impérat.
prend une *s* après l'*e* , quand cette perf. eft
fuivie des relatifs *en , y.* On dit *porte un livre. Ouvre à ton frere.* Mais s'il fuit *en* ou
y , on dira : *portes-en à ton frere. Apportes-y
des livres ,* &c.

7°. Ecrivez & prononcez avec l'*e* muet
je *trouverai ,* je *retrouverai ,* & non pas
trouverrai , retrouverrai.

Remarques fur les Conjugaifons en Ir.

Les Verbes en *ir* fe divifent en quatre
branches. Conjuguez comme *finir* les Verbes *benir , unir , punir ,* &c. En un mot
tous ceux en *ir* que vous ne trouverez pas
dans les liftes que nous ferons des Verbes
qui fe conjuguent comme *fentir , ouvrir ,
tenir ,* &c.

Remarques fur la premiere Conj. en Ir.

Haïr, préf. de l'ind. *je hais*, *tu hais*, *il hait*, qu'on prononce je *hès*, *tu hès*, &c. *Hais* à l'impérat. eſt auſſi d'une ſyll. mais cette perſ. & le parf. déf. ne ſont guere en ûſage. Dans le reſte du Verbe *a* & *i* font deux ſyllabes : comme : *haïſſons*, *haïſſez*, *haïſſent*, &c.

Fleurir, V. n. quand il ſignifie *être en fleurs*, fait au gér. & à l'imparf. *fleuriſſant*, *fleuriſſois*; mais en parlant des Arts, des ſciences & des empires. On dit *floriſſant*, *floriſſoit*. Le Royaume etoit *floriſſant*. Les lettres *floriſſoient* en France, &c.

Remarques fur la feconde Conj. en Ir.

Conjuguez comme *ſentir* les Verb. *conſentir*, *reſſentir*, *preſſentir*, *mentir*, *démentir*, *dormir*, *endormir*, *s'endormir*, *ſe repentir*, *ſervir*, *deſſervir*, *ſortir*, *partir*; *reſſortir*, ſortir de nouveau, & *repartir*, répliquer; partir de nouveau : mais *reſſortir*, être du reſſort; *répartir*, partager ſe conj. comme *finir*.

Verbes irréguliers de la feconde Conjugaiſon en Ir.

Bouillir, préf. de l'ind. je *bous*, tu *bous*; il *bout*, nous *bouillons*, &c. Fut. je *bouillirai* ou je *bouillerai*. Cond. je *bouillirois* ou je *bouillerois*. Le reſte eſt régulier.

Courir & quelquef. *courre* ; part. *couru* ; parf. déf. je *courus* ; fut. je *courrai* ; cond. je *courrois*. On prononce les deux *rr*.

Conj. de même *accourir*, *concourir*, *difcourir*, *encourir*, *parcourir*, *recourir*, &c.

Fuir, gér. *fuyant* ; préf. indic. je *fuis*, tu *fuis*, il *fuit* ; nous *fuyons*, vous *fuyez*, ils *fuient*. Le refte eft régulier.

Mourir, part. *mort* ; préf. ind. je *meurs* ; tu *meurs*, il *meurt* ; nous *mourons*, vous *mourez*, ils *meurent*. Parf. déf. je *mourus*. Fut. je *mourrai*. Condit. je *mourrois*. On prononce les deux *rr*. *Mourir* prend *être* aux temps compofés.

Acquérir, part. *acquis* ; gér. *acquérant* ; ind. préf. j'*acquiers*, tu *acquiers*, il *acquiert* ; nous *acquérons*, vous *acquérez*, ils *acquierent* ; parf. déf. j'*acquis* ; fut. j'*acquerrai* ; cond. j'*acquerrois*. Prononcez les deux *rr*. Le refte fe forme de ces temps. Conjuguez de même *enquérir* & *requérir*.

Conquérir ne s'emploie bien qu'à l'inf. préfent ; au part. *conquis* ; gér. *conquérant*, *ayant conquis* ; au part. déf. je *conquis* ; à l'imparf. du fubj. que je *conquiffe*, & aux temps compofés, *j'ai conquis*, &c.

Vêtir, *dévêtir*, *revêtir*, *furvêtir* ; part. *vêtu*, *dévêtu*, le refte eft rég. Dans *vêtir* le fing. du préf. indic. je *vêts*, tu *vêts*, il *vêt* n'eft guere en ufage.

Remarques ſur la troiſieme Conj. en Ir.

On conj. comme *ouvrir* les Verbes *dé-couvrir*, *entr'ouvrir*, *rouvrir*, *recouvrir*, *offrir*, *meſoffrir*, *ſouffrir*. Les ſuivants ont quelques irrégularités.

Cœuillir, *accœuillir*, *recœuillir* ; part. *cœuilli*, *accœuilli*, &c. fut. je *cœuillerai* ; cond. je *cœuillerois*. Le reſte eſt rég.

Saillir pour s'avancer en dehors, n'eſt d'uſage qu'à l'inf. & aux troiſ. perſ. gér. *ſaillant* ; indic. préſ. il *ſaille*, ils *ſaillent* ; imparf. il *ſailloit*, ils *ſailloient* ; fut. il *ſail-lera* ; cond. il *ſailleroit* ; ſubj. qu'il *ſaille* ; imparf. qu'il *ſaillît*.

Saillir pour s'élancer, s'elever en l'air, ſortir avec impétuoſité, n'a que les troiſ. perſ. & il ſe conj. comme *finir*. On dit : *les eaux ſailliſſent de tous côtés. Son ſang ſailliſ-ſoit, a ſailli fort loin.*

Aſſaillir & *treſſaillir*, part. *aſſailli*, fut. j'*aſſaillirai* ou j'*aſſaillerai*. Le reſte eſt rég. excepté qu'*aſſaillir* n'a point de ſingul. au préſent de l'indicatif.

Remarques ſur la quatrieme Conj. en Ir.

Conj. comme *tenir* les Verbes *apparte-nir*, *s'abſtenir*, *contenir*, *entretenir*, *détenir* ; *maintenir*, *obtenir*, *retenir*, *ſoutenir* ; *venir*, *convenir*, *contrevenir*, *intervenir*, &c. en un mot les comp. de *tenir* & de *venir*.

Remarque sur la Conjugaison en Oir.

Conjuguez comme *devoir* les Verbes *redevoir*, *appercevoir*, *concevoir*, *décevoir*, *percevoir* & *recevoir*.

Les irréguliers en oir sont :

Déchoir, part. *déchu*, sans gér. présent indicat. je *déchois*, &c. pl. n. *déchoyons*, v. *déchoyez*, ils *déchoient*. Quelques-uns prononcent & écrivent *déchéons*, *déchéez*, *déchéent*, point d'imparf. parf. déf. je *déchus*; fut. je *decherrai*; condit. je *décherrois*. Il prend *être* dans les temps comp. je *suis déchu*, &c.

Echoir, part. *echu*; gér. *echéant*; indic. préf. il *echet*, seule perf. en usage; parfait, j'*echus*; fut. j'*echerrai*; condit. j'*echerrois*; imparf. du subj. que j'*echusse*.

S'asseoir, part. *assis*; ger. *s'asséiant*; ind. préf. je *m'assieds*, &c. n. n. *asséions*, v. v. *asséiez*, ils *s'asseient*; imparf. je *m'asséiois*, &c. n. n. *afséions*, v. v. *afséiez*, ils *s'af-séioient*; parf. déf. je *m'assis*; fut. je *m'af-seirai* ou je *m'assiérai*; imparf. du subj. que je *m'assisse*, q. tu *t'assisses*, qu'il *s'assît*; point de prem. & de sec. perf. plur. qu'ils *s'assissent*. Les autres temps se forment de ceux-ci. Conjug. de même *rasseoir* & se *rasseoir*.

Pluf. perf. conj. ainsi s'*asseoir* : je *m'as-seois*, tu *t'asseois*, &c. je *m'asseoyois*, &c. je *m'affeoirai.* Cette maniere feroit plus rég. & moins embarraffante.

Voir, part. *vu* ; gér. *voyant* ; ind. préf. je *vois*, &c. nous *voyons*, vous *voyez*, ils *voient* ; parf. déf. je *vis* ; fut. je *verrai* ; le refte fe forme réguliérement de ces temps. *Entrevoir* & *revoir* fe conjug. comme *voir*.

Pourvoir & *croire* font au parf. déf. je *pourvus*, je *crus* ; à l'imparf. du fubj. que je *pourvuffe*, *cruffe* ; fut. *pourvoirai*, *croirai* ; cond. *pourvoirois*, *croirois* ; le refte comme *voir*, &c.

Prévoir fait au fut. *prévoirai* ; au cond. *prévoirois* ; le refte comme *voir*.

Surfeoir, part. *furfis* ; fut. *furfeoirai* ; cond. *furfeoirois* ; le refte comme *voir*.

Mouvoir & *emouvoir*, part. *mu* ; géron. *mouvant* ; indicat. préf. je *meus*, &c. nous *mouvons*, vous *mouvez*, ils *meuvent* ; imparf. *mouvois* ; parf. déf. je *mus* ; fut. je *mouvrai* : les autres temps fe forment de ceux-ci.

Pleuvoir, Verbe imperf. part. *plu* ; gér. *pleuvant* ; indicat. préf. il *pleut* ; imparf. il *pleuvoit* ; parf. déf. il *plut* ; fut. il *pleuvra* ; cond. il *pleuvroit* ; fubj préf. qu'il *pleuve* ; imparf. qu'il *plût*.

Pouvoir, part. *pu* ; gér. *pouvant* ; ind. préf. je *puis* ou je *peux*, tu *peux*, il *peut* ; n. *pouvons*, v. *pouvez*, ils *peuvent* ; fut. je

pourai ; cond. je *pourois* ; fubj. préf. que je
puiſſe , que tu *puiſſes* , &c. le reſte comme
mouvoir.

Savoir ou *ſçavoir* , part. *ſu* ; gérond. *ſa-*
chant ; ind. préf. je *ſais* , &c. n. *ſavons* , v.
ſavez ; ils *ſavent* ; parf. déf. je *ſus* ; fut. je
ſaurai ; impér. *ſache* , qu’il *ſache* , *ſachons* ,
ſachez , qu’ils *ſachent* ; fubj. préf. que je
ſache ; les aurres temps ſont formés de
ceux-ci.

On dit quelquef. *je ne ſache point* pour
je ne ſais point. Je ne ſaurois s’emploie pour
je ne puis : comme

Je ne ſaurois reſter dans mon appartement ;
Je fors , je vais , je viens, j’aime le mouvement.

Valoir , part. *valu* ; gér. *valant* ; préf.
ind. je *vaux* , tu *vaux* , il *vaut* ; n. *valons* ,
v. *valez* , ils *valent* ; parf. déf. je *valus* ;
fut. je *vaudrai* ; fubj. préf. que je *vaille* ,
que tu *vailles* , qu’il *vaille* , que n. *valions* ,
que vous *valiez* , qu’ils *vaillent.*
Conjug. de même *equivaloir* , *revaloir* ,
& *prévaloir.* Cependant ce dernier forme
réguliérement le préf. du fubj. que je *pré-*
vale , &c. qu’ils *prévalent.*

Vouloir , part. *voulu* ; ger. *voulant* ; ind.
préf. je *veux* , &c. parf. déf. je *voulus* ; fut.
je *vondrai* ; fubj que je *veuille* , que nous
voulions , que vous *vouliez* , qu’ils *veuil-*
lent ; le reſte comme *mouvoir* , ou formé

des temps que nous venons de marquer.

Remarques sur les Verbes en re.

La prem. Conjug. en *re* comprend les Verbes en *aire*, comme *plaire*, *déplaire*, *faire*, *défaire*, &c. Voici ceux qui sont irréguliers ou défectueux.

Braire ne se dit qu'à l'inf. & aux trois. pers. du préf. & du fut. indic. il *brait*, ils *braient*; il *braira*, ils *brairont*.

Faire, part. *fait*; gér. *faisant* ou *fesant*; ind. préf. je *fais*, &c. n. *faisons* ou *fesons*, v. *faites*, ils *font*; parf. déf. je *fis*; fut. je *ferai*; subj. préf. que je *fasse*, &c. les autres temps sont formés de ceux-ci. Conj. de même ses comp. *contrefaire*, *défaire*, *redéfaire*, *refaire*, *satisfaire*, *surfaire*. *Forfaire*, *malfaire*, *mesfaire* & *parfaire* ne s'empl. qu'à l'inf. & aux temps composés: comme, il a *malfait* : mais on ne dit point n. *malfaisons*, il faut dire n. *faisons mal*.

Traire, part. *trait*; gér. *trayant*; indic. préf. je *trais*, &c. n. *trayons*, v. *trayez*, ils *traient*; point de parf. déf. point d'imparf. du subj. le reste est régul. ou formé de ces temps. Conj. de même *attraire*, *distraire*, *extraire*, *rentraire*, *retraire*, *soustraire*.

Remarques sur la seconde Conj. en re.

La sec. Conj. en *re* a les Verbes en *oitre*

& en *aitre* : comme *paroître*, *comparoître*, *disparoître*, *apparoître*, *reparoître*, *connoître*, *reconnoître*, *croître*, *decroître*. *Naître*, *renaître*, *paître* & *repaître* sont irrégul. ou défectueux.

Naître, part. *né*, fait au parf. déf. je *naquis*. Il forme ses temps comp. avec *être* ; le reste est régulier.

Paître est rég. mais il n'a point de parf. déf. ni d'imparf. du subj. Les temps comp. ne sont en usage que dans la Fauconnerie.

Remarque sur la trois. Conj. en re.

La trois. Conjug. en *re* a les Verbes en *ire* ou en *uire* : comme *circoncire*, *dire*, *contredire*, *dédire*, *interdire*, *maudire*, *médire*, *prédire*, *redire*, *confire*, *lire*, *elire*, *relire*, *rire*, *sourire*, *ecrire*, *circonscrire*, *décrire*, *inscrire*, *prescrire*, *proscrire*, *récrire*, *souscrire*, *transcrire*, *frire*, *cuire*, *duire*, *conduire*, *econduire*, *enduire*, *induire*, *introduire*, *reconduire*, *réduire*, *seduire*, *traduire*, *luire*, *reluire*, *nuire*, *braire*, *détruire*, *instruire*, *construire*.

Les irréguliers en ire sont :

Circoncire, part. *circoncis* ; parf. déf. je *circoncis*, &c. le reste est régulier.

Dire & *redire* font à la sec. perf. pl. du prés. de l'ind. v. *dites*, v. *redites* ; au parf. déf je *dis*, *redis* ; à l'imparf. du subj. que je *diſſe* ; le reſte eſt régul. ou formé de ces temps,

Dédire., *contredire* , *interdire* , *médire* , *prédire* , forment réguliérement la ſeconde perſ. pl. du préſ. de l'indic. v. *dédiſez* , v. *contrediſez* , &c. ils font au parf. déf. je *dedis* , je *contredis* , &c.

Maudire , gér. *maudiſſant* ; au préſ. de l'ind. *maudiſſons* , *maudiſſez* , *maudiſſent* ; parf. déf. je *maudis* , &c. le reſte formé de ces temps.

Confire , parf. déf. je *confis* ; imparf. du ſubj. que je *confiſſe*.

Suffire , part. *ſuffi* ; parf. déf. je *ſuffis* ; imparf. du ſubj. que je *ſuffiſſe*.

Lire , *elire* & *relire* , part. *lu* , *elu* , *relu* ; parf. déf. je *lus* , &c. imparf. du ſubj. que je *luſſe* , &c.

Rire , *ſourire* , part. *ri* ; gér. *riant* ; plur. du préſ. de l'ind. n. *rions* , v. *riez* , ils *rient* ; parf. déf. je *ris* ; le reſte for. de ces temps.

Ecrire & ſes comp. *circonſcrire* , *décrire* , &c. font au gér. *ecrivant* ; pl. du préſ. de l'indic. *ecrivons* , *ecrivez* , *ecrivent* ; parf. déf. j'*ecrivis* ; les temps qui ſe forment de ceux-ci ont les mêmes irrégularités.

Frire eſt régul. mais il n'a que le fut. le condit. les temps compoſ. & la ſec. perſ. ſing. de l'impér. je *frirai* , &c. je *frirois* , &c. j'ai *frit* , j'*avois frit* , &c impérat. *fris*.

Pour fuppléer aux temps qui manquent on fe fert de *faire* & de l'inf. *frire.* Ex. *Fefant frire*, je *fais frire*, &c.

Verbes irréguliers en uire.

Bruïre, gér. *bruïffant*; imparf. de l'ind. il *bruyoit*, ils *bruyoient*. Les autres perfon. & les autres temps ne font guere en ufage.

Luire, *reluire* & *nuire* font au part. *lui*, *relui*, *nui* fans *t*, ainfi aux temps compof. *j'ai nui*, *j'avois nui*, &c. le refte eft rég.

Les autres Verbes en *uire* fe conjuguent comme *réduire.*

Nous rapportons à cette Conj. *boire*, *clorre*, *conclure*, & leurs compofés.

Boire, part. *bu*; gér. *buvant*; ind. préf. je *bois*, &c. n. *buvons*, v *buvez*, ils *boivent*; parf. déf. je *bus*; les autres temps font rég. ou formés de ceux-ci. Conjuguez de même *reboire.*

Clorre, ind. préf. *je clos*, *tu clos*, *il clot*, fans pl. fut. je *clorrai*; cond. je *clorrois*; il a les temps comp. *j'ai clos*, *j'avois clos*, &c. mais les autres temps manquent. Conjug. de même *enclorre* & *renclorre.*

Eclorre ufité à l'inf. & aux troif. perfon. des temps fuiv. ind. préf. *il eclot*, *ils eclofent*; fut. *il eclorra*, *ils eclorront*; cond. *il eclorroit*, *ils eclorroient*; fubjonct. préf. *qu'il eclofe*, *qu'ils eclofent.* Il forme les temps comp. avec *être* : comme *il eſt eclos ; il ſera eclos, ils ſeront eclos*, &c.

Conclure, part. *conclu* ; gér. *concluant* ; ind. préſ. je *conclus*, &c. n. *concluons*, v. *concluez*, ils *concluent* ; imparf. je *concluois*, &c. nous *concluïons*, v. *concluïez*, ils *concluoient* ; parf. déf. je *conclus* ; le reſte eſt rég. formé de ceux-ci.

Exclure ſe conj. de même, excepté qu'il fait au part. *exclus*, m. *excluſe* ou *exclue*, f.

Quatrieme Conjugaiſon en re.

La quatr. Conjug. en *re* a les Verbes en *aindre, eindre, oindre* ; comme *craindre, peindre, joindre*, &c. ils ſe conjug. comme *plaindre*.

Cinquieme Conjugaiſon en re.

La cinq. Conj. en *re* a les Verbes en *dre, cre, pre, tre* & *vre*, comme *rendre, tendre, vaincre, rompre, mettre, vivre*, &c. Voici les irréguliers.

En *dre : prendre* & ſes comp. *apprendre, comprendre, déprendre, deſapprendre, entreprendre, ſe méprendre, reprendre, & ſurprendre* ſe conjuguent ainſi.

Prendre, part. *pris* ; gér. *prenant* ; ind. préſ. je *prends*, &c. n. *prenons*, v. *prenez*, ils *prennent* ; parf. déf. je *pris* ; le reſte eſt rég. ou formé des temps ſuſdits.

Coudre, découdre & *recoudre*, part. *couſu* ;

gér. *coufant* ; ind. préf. je *couds* , &c. nous *coufons* , vous *coufez* , ils *coufent* ; part.déf. je *coufis*. Les autres temps rég. ou formés de ceux-ci.

Mettre & fes comp. *admettre, commettre, démettre, entremettre, omettre, permettre,*&c.

Mettre , part. *mis* ; gér. *mettant* ; parf. déf. *je mis* ; le refte rég. ou réguliérement formé de ces temps.

Moudre, emoudre, remoudre, participe *moulu* ; gér. *moulant* ; ind. préf. je *mouds* , &c. n. *moulons,* v. *moulez,* ils *moulent* ; parf. déf. je *moulus* ; les autres temps rég. ou formés de ceux-ci

Soudre n'eft ufité qu'au préf. de l'inf.

Abfoudre & *diffoudre,* part. *abfous,* m. *abfoute,* f. gér. *abfolvant* ; ind. préf. j'*abfous,* &c. n. *abfolvons,* v. *abfolvez,* ils *abfolvent,* point de parf. déf. ni d'imparf. du fubj. parf. indéf. j'ai *abfous,* &c. les autres temps rég. ou formés de ceux-ci.

- *Réfoudre,* part. *réfolu* (pour determiné, décidé, comme *il a réfolu de partir, il etoit réfolu de venir*) & *réfous* pour *réduit,* changé en quelqu'autre chofe : alors il n'a point de fem. comme, le *foleil* a réfous *en pluie le brouillard* ; gér. *réfolvant* ; l'indic. préf. & les temps qui s'en forment comme *abfoudre* ; parf. déf. je *réfolus* ; imparf. du fubj. que je *réfoluffe,* &c.

Suivre, *s'enfuivre* & *pourfuivre*, partic. *fuivi*; gér. *fuivant*; indic. préf. je *fuis*, tu *fuis*, il *fuit*; n. *fuivons*, v. *fuivez*, ils *fuivent*; parf. déf. je *fuivis*; le refte rég. ou formé de ces temps.

Vivre, *revivre*, *furvivre*, part. *vêcu*, g. *vivant*; ind. préf. je *vis*, &c. n. *vivons*, v. *vivez*, ils *vivent*; parf. déf. je *vêcus*; les autres temps rég. ou form. de ceux-ci.

Vaincre & *convaincre* font régul. mais la lettre *c* fe change en *qu* avant *a*, *e*, *i*, *o*, *u*, comme *vainquant*, *convainquant*, que je *vainque*, je *vainquis*, nous *vainquons*.

DES PRÉPOSITIONS.

LES *Prépofit.* marquent les différents rapports que les chofes ont les unes avec les autres. Ex. M. *de Turenne ayant conduit les troupes* dans le Palatinat, *commença la campagne* fur la fin de l'hiver, afin de *ou* pour *prévenir les ennemis.* Ces mots *dans le Palatinat* marquent le lieu; ceux-ci *fur la fin de l'hiver* défignent le temps; & les autres *afin de ou pour prévenir* indiquent le motif ou la raifon qui fit agir M. de Turenne.

Les *Prépof.* marquent la place, comme *chez*, *dans*, *devant*, *derriere*, *parmi*, &c.

L'ordre, comme *avant*, *après*, *entre*, *depuis*,

L'*union*, comme *avec*, *durant*, *selon*, *suivant*.

La *séparation*, comme *excepté*, *sans*, *hors*, *hormis*.

L'*opposition*, *contre*, *malgré*, *nonobstant*.
Le but *ou* la fin, *envers*, *touchant*, *pour*.
La *spécification*, comme *à*, *de*, *en*.

DE L'ADVERBE.

L'ADVERBE exprime quelque circonstance du Nom, du Verbe ou même d'un autre Adverbe auquel il a raport. Ex.

L'honneur est aux grands cœurs *bien plus* cher que la vie.
Ne divulguez *jamais* ce que l'on vous confie.

Les Adverbes marquent, 1o. la *maniere* dont se font les choses, comme : *riez modérément*.

2o. L'*ordre*, l'arrangement, comme *premierement*, *d'abord*, *auparavant*, &c. Ex. *Il faut* premierement *faire son devoir*, secondement *il ne faut prendre que des plaisirs permis*.

3o. Le *lieu*, comme *où*, *ici*, *dessus*, &c. Ex. Où *la discorde regne*, apportez-y *la paix*.

4o. La *distance*, comme *près*, *loin*, &c. Ex. *Il ne faut être* ni trop près, ni trop loin *pour être dans un beau point de vue*.

5o. Le *temps*, comme *demain*, *hier*, *jamais*, *toujours*. Ex. *Ne reprochez* jamais *les plaisirs que vous faites*.   6o.

6°. La *quantité*, comme *trop*, *peu*, *plus*, *beaucoup*, &c. comme *parlez* peu, *pensez* bien, & *ne trompez personne*, &c. &c.

REM. L'*Adverbe* est un mot simple. Les *prépos.* avec leur rég. signifient ordinairement la même chose que les Adverbes. *Avec prudence* ou *prudemment*, *par douceur* ou *doucement*, &c.

DES CONJONCTIONS.

LES *Conj.* servent à joindre ensemble les différentes parties du discours. Ex. La *Morale de Cicéron*, *quoiqu'on la puisse regarder comme l'extrait de tout ce que les Payens ont pensé de plus judicieux & de plus solide*, *doit* cependant *être tantôt epurée, tantôt appuyée par celle de l'Evangile.* Mr. D'OLIVET.

Les *Conj.* principales sont *et*, *ni*, *deplus*, *d'ailleurs*, *encore*, *ou*, *que*, *sinon*, *tantôt*, *si*, *soit*, *pourvu que*, *à moins de*, *à moins que*, *quand*, *sauf*, *mais*, *quoique*, *cependant*, *néanmoins*, *encore*, *aussi*, *lorsque*, *tandisque*, &c.

Nous rapporterons plus bas celles qui régissent le Subjonctif.

D

DES PARTICULES
OU INTERJECTIONS.

LES *Particules* fervent à marquer une affection ou un mouvement de l'ame, foit de douleur & de trifteffe ; comme *ah*, *hélas*, &c. foit de joie ou de défir, comme *bon*, *bis*, *vivat*, &c. d'affirmation, de négation & de doute, comme *certes*, *oüi*, *non*, *ne*, *ne pas*, *ne point*, *plus.* Elles fervent auffi à exciter, comme *ça*, *courage*, *gai*, &c. à avertir, comme *gare*, *hola.* Enfin elles font prendre dans un certain fens ce qui fuit, comme *de* & *que.*

REM. Il y a un *de* prép. & un *de* part.

La prép. *de* fpécifie, détermine ou reftraint le mot qui la précéde, comme *le Château* de *Verfailles*, *un homme* de *Province*, *une ville* de *France*, *un enfant* de *condition*, *une envie* de *plaire*, *un trait* de *prudence*, &c.

La part. *de* fait prendre dans un fens d'extrait ce qui la fuit. Elle répond à *quelque.* Ex. De *favants Auteurs ont traité cette matiere* ; c'eft-à-dire, *quelques favants Auteurs*, &c. *Melchifédec offrit* du *pain* & du *vin*, c'eft-à-dire, une partie du pain & du vin qui etoit dans l'endroit où fe trouvoit alors Melchifédec.

DE LA SYNTAXE.

LE mot *Syntaxe* vient d'un mot grec, qui signifie *arrangement, conſtruction ;* mais comme cet arrangement ſuppoſe l'accord de l'article & de l'adj. avec le ſubſt. du verbe avec le ſujet, du rég. avec le régiſſant, &c. on dit que

La *Syntaxe* eſt l'accord & l'arrangement des mots ſuivant le génie d'une Langue, & conformément aux loix de l'uſage.

DE L'USAGE DE L'ARTICLE.

Les noms communs conviennent à toute une eſpéce de perſonnes ou de choſes.

On met l'article avant les noms communs, quand on veut par ces noms ſignifier toute une eſpéce de choſes, une ou pluſ. choſes déterminées. E x. *L'homme n'eſt vraiment eſtimable qu'autant qu'il réunit* la bonté *&* la droiture du cœur aux talents & à l'agrément de l'eſprit.

Ici l'*homme* ſignifie toute l'eſpece des hommes. *La bonté* & *la droiture* marquent une bonté & une droiture déterminée, je veux dire celle du cœur. *Aux talents,* marquent des talents déterminés, ce ſont ceux de l'eſprit, &c.

Voilà pourquoi on met l'article avant

les noms propres, les verbes & les adj.
employés comme noms communs. Ex, *Le
Dieu* de paix, de miséricorde, &c. *Les
Cicérons & les Virgiles* seront toujours ra-
res.

<blockquote>Laissez dire les sots, le sçavoir a son prix.</blockquote>

C'est encore par la même raison qu'on
place l'article avant les adj. qui servent à
distinguer la personne dont on parle, de
celles qui pourroient porter le même nom.
Ex. *Louis* le Grand, *fils de Louis* le Juste,
& petit-fils de Henri le Grand, *a pour suc-
cesseur Louis* le Bien-aimé, son arriere *petit-fils.*

Cependant on dit sans article, *Philippe
Auguste*, *Hugues* Capet, *Henri* premier,
Henri quatre, &c. Il en est de même des
autres noms de nombre.

Les noms communs sont sans articles,
quand ils sont au vocatif, ou précédés d'un
adj. qui en détermine la signification, comme *mon*, *ton*, *son*, *notre*, *votre*, *ce*, *nul*,
aucun, *quelque*, *chaque*, *tout*, mis pour
chaque, *certain*, *plusieurs*, *tel*, *un*, *deux*,
&c. Ex. Soldats, *suivez-moi.*

<blockquote>Il faut regler ses goûts, ses travaux, ses plaisirs;
Mettre un but à sa course, un terme à ses désirs.</blockquote>

Le nombre Cardinal prend l'article
1°. quand il marque un rapport à ce qui

précéde ou à ce qui fuit. 2°. quand il eft mis pour un nombre Ordinal. E x. Les deux *ennemis les plus dangereux de la vie font l'intempérance & l'oifiveté.* Le deux *du mois*, c. à d. le deuxieme jour du mois.

Les noms communs font fans article, quand on les emploie dans un fens vague & indéterminé. Ex.

Un bienfait reproché tient toujours *lieu d'offenfe.*

C'eft peu d'être équitable, il faut rendre *fervice.*

Le nom commun pris dans un fens partitif, admet l'art. pourvu qu'il ne foit précédé ni d'un adj. ni d'un adverbe de quantité, comme *que* pour *combien ; beaucoup, peu, pas, point, rien, moins, infiniment, plus, tant,* &c. Ex. *Il a de l'efprit ; qu'il a d'efprit ! La nobleffe doit avoir* des *lumieres etendues & de grands fentimens. Chez les Romains, ceux qui etoient convaincus d'avoir employé* des *moyens illicites, ou d'indignes voies, pour parvenir au commandement, en etoient exclus pour toujours. Ceux qui gouvernent font comme les corps céleftes qui ont* beaucoup d'éclat, *& qui n'ont* point de repos.

L'adverbe *bien,* mis pour *beaucoup,* eft fuivi de l'article. *Voilà des diamants qui ont* bien de l'*éclat.*

Les *noms propres* de Divinités, d'hommes, d'animaux, de places & de lieux particuliers, font fans article. Ex. Dieu *eft tout-puiffant.* Junon *etoit femme de Ju-*piter.

Cependant plufieurs noms de villes prennent toujours l'article. Ex. *La* Ca-pelle, *le* Catelet, *le* Caire, *le* Mans, *la* Meque, *la* Fere, *la* Ferté, *la* Fleche, *la* Rochelle, *le* Quénoi, *le* Pui, *la* Charité, *le* Havre, &c. C'eft que ces noms ont eté formés de noms communs.

Les noms de régions, contrées, rivieres, vents & montagnes, fuivent les régles des noms communs. La France, le royau-me de France : la Seine, la riviere de Seine.

REM. On joint toujours l'article aux noms de lieux peu connus. Comme *la* Chi-ne, *le* Japon, *le* Mexique, *les* Indes, *le* Pérou, *la* Nouvelle France, *le* Bréfil, *la* Floride, *la* Virginie, le Congo, &c Et à ceux-ci, *la* Marche, *le* Milanès, *le* Man-touan, *l'*Abruzze, *le* Parméfan, *le* Pélo-ponnefe, *le* Perche, &c. On dit, *je viens* de la *Chine,* du *Japon,* du *Mexique,* &c. *Il eft* à la *Chine,* au *Japon,* au *Mexique,* &c. *Je fors* du *Milanès,* du *Mantouan. La province* du *Maine & celle* du *Perche, ne font qu'un Gouvernement.*

L'article fe répéte, 1°. avant chaque fubft. 2°. avant les adject. qui font placés avant le fubft. Ex. *J'ai conçu une grande opinion de* la *vertu & de* la *générofité de ce Prince.* Les *vieux & les nouveaux foldats firent egalement bien leur devoir.*

DE L'ACCORD DE L'ADJECTIF, du Pronom & du Verbe avec les Subftantifs.

PREMIERE REGLE.

L'Adjeft. & le pron. qui ne fe rapportent qu'à un fubft. fe mettent au même nombre que ce fubft. Ex. *Un fot railloit un homme d'efprit fur la grandeur de fes oreilles: Il eft vrai, répondit l'homme d'efprit, que je les ai trop grandes pour un homme ; mais convenez que vous les avez trop petites pour un âne.*

EXCEPTIONS.

1e. Nos adj. font fouvent pris adverbialement, & alors ils font toujours m. & fing. Ex. *Elle chante* faux , *elles parlent* haut, *elle fent* mauvais , *elle refta* court, &c. On dit auffi nu-*pieds*, nu-*jambes*, nu-*tête.*

2e. *Tout*, mis pour *quoique* ou *entierement*, ne prend ni genre ni nombre, 1°. lorfqu'il eft fuivi d'un adj. mafc. ou d'un

D iv

adv. Ex. *Les plus grands Philosophes, tout eclairés qu'ils sont, ignorent les véritables causes de bien des effets naturels. La riviere coule tout doucement. Elle est tout comme les autres.*

2°. Lorsqu'il est suivi d'un adj. f. pl. qui commence par une voyelle ou une *h* non-aspirée. Ex. *Elles sont tout interdites : les dernieres figues que vous m'avez envoyées, etoient tout autres que les premieres.*

Tout, mis pour *quoique* ou *tout-à-fait*, prend le genre & le nombre avant l'adj. f. sing. & avant l'adj. f. pl. qui commence par une consonne. Ex. *La campagne, toute agréable & toute belle qu'elle puisse être, ennuie ceux qui n'aiment ni la lecture, ni la réflexion. Loin d'ici ces maximes de la flaterie ; que les Rois naissent habiles, & que leurs ames privilégiées sortent des mains de Dieu toutes sages & toutes savantes.* M. COLIN.

3°. On dit *une demi-heure, deux demi-livres,* &c. mais il faut dire & ecrire, *une heure & demie, une livre & demie,* &c.

4°. *Chose* est fém. Comme *une chose nouvelle & fort bien faite.* Cependant *quelque chose* est masc. Ex. *La politesse consiste à ne faire, à ne rien dire qui puisse déplaire aux autres ; à faire & à dire tout ce qui peut leur plaire, & cela avec des manieres & une façon de s'exprimer, qui aient quelque chose*

de noble , d'aifé , de fin & de délicat. M.
T RUBLET.

5e. *Vous*, mis pour *tu*, demande le verbe au plur. ; mais l'adj. & le part. reftent
au fing. Ex. *Mon fils vous ferez* eftimé , *fi
vous êtes* fage & modefte.

6e. *Le* ne prend ni genre ni nombre ,
quand il fe rapporte aux adj. ou aux verb.
Ex. *La nob effe donnée aux peres , parce qu'ils
etoient* vertueux , *a eté laiffee aux enfants
afin qu'ils* le *devinffent*. M. T RUBLET.
*L'honnêteté eft un moyen très-propre pour fe
faire aimer ; elle nous empêche de* choquer
les autres ; elle nous porte à nous accommo-
der *à leur humeur autant que notre devoir
nous* le *permet. Mefdames êtes-vous encore
enrhumées ? Oui , nous* le *fommes encore.*

DEUXIEME REGLE.

Quand les noms collectifs partitifs , &
les adv. de quantité , font fuivis d'un pl.
alors l'adj. le pron. & le verbe s'accordent
avec ce plur. Ex. *La plûpart des Romans ne*
peuvent *que gâter le gout , & faire prendre
une infinité d'idées fauffes , qui pour l'ordi-
naire n'*influent *que trop dans le caractere &
dans la conduite de quiconque s'occupe de pa-
reilles lectures.* M. GOUJET. *Celui qui fait
fe faire aimer entreprend* peu d'affaires *qui
ne lui réaffiffent.*

D v

Quand les collectifs partitifs font suivis d'un fing. alors l'adj. le pron. & le verbe s'accordent avec le fing. Ex. *Une infinité* de monde fut pris *dans cette ville. Les infidcles envahirent toute l'Efpagne ; une multitude innombrable* de peuple fe réfugia *dans les Afturies , & y proclama Roi Pelage. Il a trouvé une partie du pain mangé.*

TROISIEME REGLE.

Quand l'adj. le pron. & le verbe fe rapportent à plusieurs fubft. de même genre, on les met ordinairement au plur. & au même genre que les fubft. Ex. *La faveur & l'induftrie* font bonnes, *& quelquefois* néceffaires ; *cependant elles ne donnent pas le mérite, elles ne fervent qu'à le faire valoir & à le mettre en ufage.*

Rem. Si les fubft. fing. font liés par *ou,* alors on met le fing. Ex. *La crainte* ou *l'impuiffance les* empêcha *de remuer.* Bouh.

On met le plur. quand les nominatifs font de différentes perf. Ex. *Ou vous, ou moi* nous irons. Acad.

Rem. Quand les fubft. font liés par *ni* répété, & que l'action ne doit tomber que fur un des fubft., alors on met le fing. Ex. *Ce ne fera* ni *M. le Duc,* ni *M. le Comte* qui fera *nommé Ambaffadeur.* Ici l'action ne tombe que fur un des deux fubft., parce qu'il ne doit y avoir qu'un Ambaſſadeur.

Mais si l'action tombe ſur les deux ſubſtantifs, alors il faut le plur. Exemp. Ni la douceur , ni la force n'y *peuvent* rien. Acad.

Quand l'adj. le pron. & le verbe ſe rapportent à pluſ. ſubſt. de divers genres , alors on les met au plur. & au maſc. Ex. *Les bœufs mugiſſants, & les brebis bêlantes, venoient en foule ; ils ne pouvoient trouver aſſez d'étables pour être mis à couvert.*

Faut-il dire ? *non-ſeulement tous ſes honneurs & toutes ſes richeſſes, mais toute ſa vertu* s'évanouït. Il faut mettre *s'évanouït* au ſing. parce que *mais* fait ſous-entendre *s'évanouïrent* après *ſes richeſſes.* Mais on dira : *Tous ſes honneurs , toutes ſes richeſſes & toute ſa vertu* s'évanouïrent. Acad. Corn. Ce qui prouve que c'eſt *mais*, & non pas *tout* qui cauſe cette différence, comme l'a cru Vaugelas.

Quand les ſubſt. ſignifient à peu-près la même choſe , on met ordinairement l'adj. le pron. & le verbe au ſing. & au genre du ſubſt. qui ſe trouve le plus près. Ex. La douceur, la bonté *du grand Henri* a été célébrée *de mille louanges.* Pélisson.

Cette regle a ſur-tout lieu pour l'adj. qui eſt immédiatement après deux ſubſt.

Ex. *Il a les pieds & la tête* nue. Vaug. *Il a le cœur & la bouche* ouverte *à vos louanges.* Acad.

Remarques fur quelques adj. qui placés avant le fubft., ont une fignification différente de celle qu'ils ont, quand ils ne font mis qu'après le fubft.

L'air grand C'eft une phyfionomie noble. Ex. *Voilà un Seigneur qui* a l'air grand.

Le grand air. Ce font les manieres d'un grand Seigneur.

Un homme grand, fignifie *un homme d'une grande taille.*

Un grand homme, fignifie *un homme de grand mérite.* Ex. *Comme un Acteur marchoit fur le bout des pieds pour repréfenter le grand Agamemnon, on lui cria qu'il le faifoit un homme* grand *, & non-pas un* grand homme.

Cependant, fi après *grand homme,* on ajoute quelques qualités du corps, comme *c'eft* un grand homme *brun,* & d'une belle phyfionomie *, alors. grand homme* fignifie homme d'une grande taille.

Du bois mort, c'eft du bois feché fur pied.

Du mort bois, c'eft du bois de peu de de valeur, comme des ronces, des épines, &c.

Une chofe certaine, une nouvelle certai-

ne, *une marque* certaine , &c. c'eſt une
choſe vraie, aſſurée ; une nouvelle, une
marque vraie, véritable, Ex.

La vertu, d'un cœur noble eſt la marque *certaine.* BOIL.

Une certaine *choſe ,une* certaine *marque ,
une* certaine *nouvelle ;* c'eſt une choſe in-
déterminée ; c'eſt quelque marque, quelque nouvelle. *Certain* répond alors au *qui-
dam* des Latins.

Une voix commune , c'eſt une voix or-
dinaire.

D'une commune *voix ,* ſignifie unanime-
ment, tout d'une voix. *Elles jugerent d'une*
commune *voix , qu'il falloit lui donner
cours.*

Une eau morte ; une eau qui ne coule
point.

La morte eau , c'eſt l'eau de la mer ,
dans ſon plus bas flux & reflux.

Un homme malin , eſt un homme mali-
cieux.

Le malin eſprit , ou l'*eſprit malin ,* ſignifie le Démon.

L'eſprit Saint , c'eſt l'eſprit de Dieu ,
commun aux trois perſonnes de la Sainte
Trinité.

Le Saint-Eſprit , c'eſt la troiſieme perſ.
de la Sainte Trinité.

Une femme ſage , c'eſt une femme ver-
tueuſe & prudente.

Une sage femme, c'est une femme qui affiste celles qui sont en travail d'enfant.

Une femme grosse, c'est une femme enceinte.

Une grosse femme, c'est une femme grasse, qui a beaucoup d'embonpoint.

Un homme galant, est un homme qui cherche à plaire aux Dames, qui leur rend de petits soins, &c. C'est ordinairement un conteur de fadaises, un diseur de riens.

Un galant homme, est un homme poli qui a des dons & des talents, & dont le commerce est sûr & agréable.

Un Gentilhomme, est un homme d'extraction noble.

Un homme gentil, est celui qui est gai, vif, joli, &c.

C'est un pauvre homme, c'est *un pauvre Auteur*, signifient un homme & un Auteur qui ont peu de mérite.

Un homme pauvre, un *Auteur pauvre*, signifient un homme, un Auteur sans biens. *Liniere voyant Chapelain & Patru*, *dit que le premier etoit* un pauvre Auteur, *& le second* un Auteur pauvre.

Un homme plaisant, est un homme gai, enjoué, qui fait rire.

Un plaisant homme, se prend en mauvaise part pour un homme ridicule, bizarre, singulier, &c.

Un honnête homme, c'eſt un homme qui a des mœurs, de la probité, &c.

Un homme honnête, eſt un homme poli, qui plaît par ſes bonnes manieres.

Les honnêtes gens d'une ville, ſont ceux qui ont du bien, une réputation intégre, une naiſſance honnête, &c.

Des gens honnêtes, ſont des gens polis, qui reçoivent bien ceux qui les viſitent.

Furieux, placé après le ſubſt. comme *un lion furieux, un taureau furieux*, ſignifie en fureur, tranſporté de colere, Ex.

Mais quoique ſeul pour elle, Achille *furieux*
Epouvantoit l'armée, & partageoit les Dieux. RAC.

Furieux, placé avant le ſubſt. ſignifie dans le ſtyle familier la même choſe que très-grand, énorme ; il déſigne l'excès. Ex. *Il eſſuya une* furieuſe *tempête. Voilà une* furieuſe *bête, diſoit-on en parlant du rhinocéros.*

Mortel, quand il ſignifie *qui eſt ſujet à la mort*, ne peut ſe mettre qu'après le ſubſt. *Durant cette vie* mortelle.

Mortel, quand il précéde le ſubſt. ſignifie grand, exceſſif. *Deſpréaux etoit le* mortel *ennemi du faux. Il y a trois* mortelles *lieues d'ici là.* M. D'OLIVET.

Un homme vrai, c'eſt un homme véridique, qui n'eſt point ſujet à mentir. *Une*

nouvelle vraie, c'eſt une nouvelle véritable.
Mais quand on dit, *Gilles eſt un* vrai *charlatan ;* cela ſignifie, *Gille* eſt réellement
charlatan. Ce que vous dites eſt une vraie
fable ; cela veut dire*, ce que vous dites eſt
une* pure *fable ; il n'y a rien de* vrai *dans ce
que vous dites.*

L'article & l'adjectif placés avant un
un nom propre, ont quelquefois un ſens
différent de celui qu'ils ont quand ils
ſont placés aprés.

Cette phraſe, *j'ai vu le* riche *Luculle ,*
ſignifie, *j'ai vu Luculle qui eſt riche.*

J'ai vu Luculle le riche , donne à entendre qu'il y a plus d'un Luculle, & que j'ai
vu celui d'entr'eux, qui eſt diſtingué des
autres par ſes richeſſes. M. DUCLOS.

DU RÉGIME DES ADJECTIFS.

Il y a des adj. qui ne régiſſent rien : ce
ſont ceux dont la ſignification eſt déterminée à une certaine choſe. Comme *un
homme courageux, intrépide.*

La parole des Rois doit être inviolable.

Il y a d'autres adj. qui régiſſent un nom
ou un verbe : ce ſont ceux qui ont par
eux-mêmes un ſens vague, & dont la ſignification doit être reſtreinte. *L'exercice
& la tempérance ſont* capables *de conſerver*

aux vieillards quelque chofe de leur pre-
miere vigueur.

> Mourir pour fa patrie eft un fort *plein d'appas.*
> Qui peut vivre infâme eft *indigne de vivre.*

Il y a enfin des adj. qui font fans rég. quand on les employe dans une fignification générale, & qui ont un rég. quand on veut les appliquer à quelque chofe de particulier. Ex. *Ce n'eft pas en fe livrant à fes paffions que l'on vit* content, *c'eft en les réglant.*

> Content du simple néceffaire,
> Fuis le chemin gliffant qui mene à la grandeur.

REM. 1e. Il ne faut point donner un rég. à un adj. qui ne doit pas en avoir. Le P. Bouhours a repris Balzac d'avoir dit : *ils connoiffoient la nobleffe de leur naturel, qui eft* impatient du joug & de la contrainte, c'eft-à-dire, qui ne peut fouffrir le joug, ni la contrainte.

Impatient ne régit pas de fubft. ; il peut rég. un Verbe, & l'on dit : *impatient de fe venger.*

REM. 2e. C'eft une faute de donner à un adj. un autre rég. que celui qui lui eft affigné par le bon ufage. Par ex. l'adj. *prêt* veut être fuivi de la prép. *à* ; comme, *elle eft* prête à partir, à bien faire. ACAD. Ce feroit une faute de dire, *elle eft* prête de partir, de bien faire. Plusieurs font cette faute.

REMARQUES SUR LES PRONOMS.

1re. *Il*, dans les Verbes imperf. ou pris impersonnellement, s'emploie sans rapport à un nom déja exprimé. Ex. *Il s'est passé bien des choses depuis votre départ. Bien des choses* font ici sujet, & non-pas rég. du Verbe *s'est passé*. C'est comme s'il y avoit : Bien des choses se font passées, &c.

2e. Les Pronoms *il, elle, qui, que, dont, le, la, les,* & *son, sa, ses, leur,* font souvent des equivoques dans les phrases, où pouvant se rapporter au sujet, on les fait rapporter au rég. Ex. *Hypéride a imité Démosthene en tout ce qu'il a de beau. Il*, peut se rapporter à Hypéride ou à Démosthene. Il falloit dire, selon le sens qu'on avoit en vue. *Tout ce qu'Hypéride a de beau est imité du célébre Démosthene ;* ou *Hypéride a imité tout ce que Démosthene a de beau. Il a toujours aimé cette personne au milieu de son adversité. Son* est equivoque. Dites selon le sens que vous avez en vue : *Quoiqu'il fût dans l'adversité, il a toujours aimé cette personne ;* ou *il a toujours aimé cette personne, quoiqu'elle fût dans l'adversité.*

J. C. a reçu l'aveugle né dans la communion de son esprit, & a fait de son cœur son temple vivant. Dans ce dernier exemple, le difcours eft embarraffé, parce que les différents *fon* ne fe rapportent pas à la même perfonne.

Pour ôter l'équivoque, on pourroit dire, *J. C. a reçu l'aveugle né dans la communion de fon efprit,* & *a fait fon temple vivant du cœur de cet aveugle.*

On croira même ajouter quelque chofe à la gloire de notre Augufte Monarque (Louis XIV.), *lorfqu'on dira qu'il a eftimé, qu'il a honoré de fes bienfaits le grand Corneille, & que même, deux jours avant fa mort, lorfqu'il ne lui reftoit plus qu'un rayon de connoiffance, il lui envoya encore des marques de fa libéralité.* Sa & *lui* font ici equivoques. Suivant les regles de la Langue, ils doivent fe rapporter à Louis XIV; cependant c'eft de Corneille dont parle Racine. On pourroit dire, *& que même avant la mort de ce grand génie, à qui il ne reftoit plus,* &c.

3e. *Il, qui, que, dont, lequel, le, en, où, celui,* ne doivent pas fe rapporter à un nom pris dans une fignification indéfinie, & qui forme un fens indépendamment de ce qui peut fuivre. Les phrafes fuivantes ne valent rien. *Le Légat publia une Sentence d'interdit fur tout le Royaume; il dura fept mois,* &c. *On fit* treve *pour trois mois, qui ne dura pourtant que trois jours. Quelques efforts que*

ces Orateurs fassent pour animer leurs difcours, on les ecoute avec froideur, laquelle
est d'autant plus sensible, que l'on n'est agité
d'aucune emotion. *Vous avez* droit de chasser dans cette plaine, & *je le trouve bien
fondé. Il faut que vous ayez* soin de travailler avec la Grace, & que vous remettiez à
Dieu celui de vous visiter. Dans ces phrases *interdit, treve, froideur, droit, soin,*
sont pris dans un sens indéfini; ainsi les
pron. ne s'y rapportent pas bien; il falloit
dire :

*Le Légat publia une Sentence d'interdit
sur tout le Royaum;,* & cet interdit *dura
sept mois,* &c. *On fit pour trois mois une*
treve qui *ne dura,* &c. *Quelques efforts que
ces Orateurs,* &c. on les ecoute avec une froideur qui *est d'autant plus sensible,* &c. *Vous
avez* droit de chasser dans cette plaine, &
je trouve ce droit *bien fondé.* Il *faut que vous
ayez* un grand soin de travailler avec la
Grace, & que vous remettiez à Dieu celui
de vous visiter.

4e. *Le mien, le tien, le sien, le nôtre, le
vôtre, le leur,* ne peuvent pas non-plus se
rapporter à un nom pris dans un sens indéfini. On ne dira pas : Il *n'est point* d'humeur
à faire plaisir, & la mienne *est bienfaisante.*
Dans les premiers âges du monde, chaque pere
de famille *gouvernoit* la sienne *avec un pou-*

voir absolu, &c. Il faut prendre un autre tour, & dire, par exemple : *Il n'est pas* d'humeur *à faire plaisir, & moi je suis* d'une humeur bienfaisante ; ou, *& moi j'aime* à rendre service. *Dans les premiers âges du monde chaque pere de* famille *gouvernoit ses* enfants, &c.

5e. Les relatifs doivent être rapprochés, autant qu'il est possible, des noms auxquels ils se rapportent ; sans cela ils feront des equivoques : ainsi, au lieu de dire. *Philippe le Hardi aida à porter le cercœuil de son pere depuis Paris jusqu'à S. Denis. On voit encore aujourd'hui sept piramides* de pierre *daus le Faubourg S. Laurent & sur le chemin de S. Denis,* que ce *Prince fit elever dans les endroits où il s'étoit reposé. La fidélité & la promptitude à profiter des occasions qui echappent dans un moment, sont* deux grandes qualités *dans la Médecine,* d'où *dépend tout le succès de cet* art. *C'est un* préfent *du ciel* dont *il honore les grands hommes.* Je dirois, *Philippe le Hardi, &c. On voit encore aujourd'hui dans le faubourg S. Laurent, & sur le chemin de S. Denis,* sept piramides de pierre, que ce *Prince fit elever,* &c. *La fidélité & la promtitude, &c. sont dans la Médecine* deux grandes qualités d'où *dépend tout le succès de cet art. C'est* un préfeut dont *le ciel honore les grands hommes,*

DES MODES ET DES TEMPS
DU VERBE.

ON appelle *Modes* les différentes manieres d'employer les Verbes. Il y a quatre Modes, fçavoir, *l'infinitif*, *l'indicatif*, *l'impératif*, & le *fubjonctif*.

Dans ces Modes il y a des Temps, c. à d. des terminaifons qui font connoître, fi ce qui eft exprimé par le Verbe doit fe rapporter au temps préfent, au paffé ou à l'avenir.

Du Mode infinitif, & des Temps de ce Mode.

L'Inf. eft une maniere d'employer le Verbe fans rapport aux différentes perfonnes; comme, *Rien n'empêche* de dire *la vérité* en riant.

Les Temps de l'Inf. font, le *préfent*, le *participe*, le *parfait*, les *gérondifs* préfent & paffé.

Le préf. de l'inf. marque un préf. relatif au Verbe qui le précéde. Ex. *Je le vois actuellement jouer. Jouer* marque une action préfente. *Il va tous les jours jouer à la paume. Jouer* marque un préfent d'habitude. *Je l'ai vu jouer.* Ici *jouer* défigne une action qui etoit préfente dans le temps que j'ai vu la perfonne dont je parle.

Le Participe tient de la nature du Verbe & de celle de l'adj. Du Verbe, il en a la signification, le rég., & il en forme les temps compofés. De l'Adjectif, il qualifie les fubft. & il a un mafc. & un fém.

Le Parf. de l'inf. marque un paffé relatif au Verbe qui le précéde, comme *il eft très-utile* d'avoir reçu *une bonne education.*

Les Gérondifs défignent, 1o. l'état du fujet, la raifon ou le fondement de l'action; en ce cas ils ne font pas précédés de la prépofition *en*, & ils répondent au part. des Latins. Ex. *Albert Valftein fut naturellement fort fobre, ne* dormant *prefque point,* travaillant *toujours,* fupportant *aifément le froid & la faim,* &c. Ici les Gérondifs marquent l'état d'Albert Valftein.

La plûpart des Grands du Royaume jugeant *la* 2e. *Croifade contraire au bien de l'Etat, voulurent en détourner S. Louis. Jugeant* marque ici le fondement de l'action; il fignifie, *parce qu'ils jugeoient.*

2o. Les Gér. marquent une circonftance de l'action, une maniere ou un moyen de parvenir à une fin. Alors ils font, ou ils peuvent être précédés de la prép. *en;* ils répondent au géroad. des Latins. Ex. *Ne manquez jamais* en paffant *devant quelqu'un que vous connoiffez, de le faluer poliment.* Soyez *perfuadé qu'*en lifant *avec *réflexion, vous vous formerez l'esprit.*

REM. 1re. Pour eviter les equivoques, il faut qu'il y ait dans la phrase un mot auquel les part. & les gér. puissent se raporter naturellement ; comme, *on a guéri un grand Prince d'un vomissement invétéré, en lui fesant prendre tous les jours deux cuillerées de vin d'Espagne.*

Mais il seroit equivoque de dire. *Etant résolu de partir, je vous remettrai votre livre.* Il faut ; *comme je suis,* ou *comme vous êtes résolu de partir,* &c. selon le sens qu'on veut exprimer. Autre Ex. *Plutarque, dans la vie de Pompée, assure qu'ayant demandé l'honneur du triomphe, Sylla s'y opposa.* On croit d'abord que ce fut Plutarque qui demanda l'honneur du triomphe. Il falloit dire, *Plutarque, dans la vie de Pompée, assure que* ce jeune Général ayant demandé *l'honneur du triomphe,* &c.

REM. 2e. Il ne faut pas mettre de suite deux gérondifs, sans les joindre par la conjonction &. Ex. *Les vainqueurs* ayant rencontré *la litiere d'Auguste,* croyant *qu'il fût dedans,* la faufferent. Il faut dire, & croyant qu'il *etoit* dedans, la faufferent.

REM. 3e. Quand on joint deux gér. passés, si le premier est sans négation, & que le second ait une négation & réciproquement, il faut alors répéter *ayant* ou

etant

etant avant le fecond gér. On dira bien,
la ville ayant *eté prife & abandonnée au
pillage , le foldat y fit un immenfe butin.*
Mais c'eft faire une faute, que de dire avec
un Auteur moderne : *Les idées de la Religion* n'étant pas mifes *en œuvres* & relé-
guées *dans un coin de l'ame , perdent de leur
force & de leur eclat,* &c. Il falloit , *n'é-
tant pas mifes* en œuvres , *mais etant relé-
guées dans* &c.

REGLES SUR LES PARTICIPES
ET LES GÉRONDIFS.

PREMIERE. *Ayant , étant , eté ,* & les
gér. préf. ne prennent ni genre ni nombre. Ex. *Rome* ayant été *prife par les Gau-
lois , fut faccagée & réduite en cendre.* Voyez
plus haut pour les gérond. *La plûpart des
Grands* jugeant , &c.

2e. Le Participe doit être mis au même
genre & au même nombre que le nom ou
le pron. auquel il fe rapporte. 1°. dans les
Verbes paffifs , 2°. dans les Verbes neutres qui fe conjuguent avec *être* , 3°. dans
tous les Verbes Pronominaux qui ne font
point réfléchis. Ex. *Les belles chofes ont befoin* d'être *bien* ecrites , *comme les pierres
précieufes* d'être *bien* enchaffées. *Nous de-*

E

vous nous appliquer à découvrir les bonnes &
les mauvaises qualités avec lesquelles nous
sommes nés , afin de fortifier les bonnes , &
de corriger les mauvaises. C'est des débris de
l'Empire Romain que se sont formés la plûpart des Etats de l'Europe.

Avant de passer à la 3ᵉ. *Regle* rappellez-
vous que *me, te, se, nous, vous*, sont, ou
rég. simp. ou rég. composé ; ils sont rég.
simp. quand ils se tournent par *moi, toi*,
&c. sans prép. ; & ils sont rég. composé,
quand ils se tournent par à *moi*, à *toi*, &c.

Il m'aborde & me *serre la main.* On tour-
ne, *il aborde* moi, & *serre* à moi *la main ;*
ainsi le 1ᵉʳ. *me* est rég. simp., le 2ᵉ. régim.
comp. *L'homme insensé* se repait *de vaines es-
pérances, &* les imprudents *se promettent de
grandes choses.* Le 1ᵉʳ. *se* est rég. simp., le
second rég. composé. *Que* relatif, *le, la,
les* sont rég. simples.

3ᵉ. Dans les Verbes actifs & réfléchis, le
Participe, quand il est précédé de son rég.
simp. prend toujours le genre & le nombre
de ce rég. Ex. *La gloire* que *nos ancêtres
nous ont* laissée, *est un héritage dont le seul
mérite peut nous donner la possession. Les dé-
réglements affreux qui inonderent la terre,
après que la race de Seth se fut alliée avec
celle de Caïn, font voir ce que peut le mauvais exemple. Ils jettent des regards de ten-*

dreffe *fur la terre qui* les a vus naître. MÉM.
DE TRÉV. *Ceux qui agiffent font les mêmes*
créanciers que vous avez vus agir *avant vo-*
tre départ. M. PREVOT. *Les Tribuns deman-*
derent à Claudius l'exécution de la parole
qu'avoit donnée *le Conful Valérius.* VOYEZ
la Gram. Françoife.

REM. Si dans les phrafes fuivantes : *Il*
faut pour avancer dans l'étude des fciences ne
jamais s'écarter de la bonne route que l'on a
commencée à fuivre. *Les troupes de Charles*
VII. n'auroient pas empêché la prife d'Or-
léans, fi elles ne fe fuffent laiffé conduire *par*
une jeune fille. Ne laiffons point paffer de jours
fans nous appliquer à la fcience que nous
nous fommes propofé d'étudier. &c.

Si dans ces phrafes, & dans les autres
femblables, les Participes ne prennent ni
genre ni nombre, c'eft qu'ils ne font point
précédés de leur rég. fimple. *Que,* *fe,* fent
ici régis, non par les particip. mais par les
Verbes qui fuivent les participes.

En effet quand je dis : *La Géographie que*
vous n'avez pas voulu etudier, *n'eft pas dif-*
ficile, &c. le *que* eft régi par etudier ; & fi
je traduis en Latin, je dirai : *Geographia*
cui *ftudere noluifti,* &c. où *cui* eft au datif,
parce que *ftudere* régit le datif.

D'ailleurs, fans recourir au latin, met-
tez, *s'appliquer,* au lieu d'*étudier,* vous

direz alors, *la Géographie* à laquelle *vous n'avez pas voulu vous appliquer* ; pourquoi? parce qu'on dit, *s'appliquer à quelque chose.*

4e. Dans les Verbes actifs & réfléchis, le part. ne prend ni genre, ni nombre, quand il n'est pas précédé de son rég. simple. Les Verb. neutres qui prennent *avoir*, & les Verbes impersonnels n'ayant jamais de rég. simp., ont toujours le participe au masculin singulier. EXEMP. *Il y a beaucoup plus de médailles frappées à la gloire des Princes qui* ont réparé *les edifices publiques, q.'à l'honneur de ceux qui en ont* fondé *de nouveaux. Tite, Trajan, Antonin, Marc Aurele,* ont mérité *d'être appellés les délices du genre humain, parce qu'ils n'ont* usé *de leur pouvoir que pour faire du bien aux autres. Les grandes chaleurs qu'il a* fait *cette année, ont* causé *beaucoup de maladies.*

DE L'INDICATIF ET DES TEMPS
de ce Mode.

L'Ind. affirme directement ; ainsi tous les temps qui marquent affirmation, appartiennent à l'Indicatif.

Les temps de l'Ind. sont le *prés. absolu,* l'*imparf.* ou *prés. relatif,* le *parf. déf.* le *parf. indéf.,* le *parf. antérieur,* le *plusque parf.,* le *futur simple,* le *fut. antérieur* ou *composé,* le *conditionel prés,* & le *condition. passe.* Voici l'usage de ces temps.

Le *préf. abf.* marque & ce qui fe fait actuellement , & ce qui fe fait habituelle-
ment. Ex. *J'entends du bruit. Quand il fait
beau ,* je quitte *le logis & je vais au Luxem-
bourg.*

L'*imparf.* ou *préf. rel.* marque l'action
comme préfente au temps de quelque circonftance défignée , comme quand Mal-
herbe dit fur un livre de fleurs du Peintre
Rabel.

> L'Art y furmonte la Nature ,
> Et fi mon jugement n'eft vain ,
> Flore lui *conduifoit* la main
> Lorfqu'il *fefoit* cette peinture.

Le parf. déf. marque une chofe faite dans
un temps qui eft entierement ecoulé , &
dont il ne refte plus rien ; comme , *je reçus* hier , la femaine paffée , le mois dernier , &c. des nouvelles de notre ami.

Le parf. indéf. marque une chofe faite
dans un temps qui n'eft pas encore tout-à-
fait ecoulé. Ex. *J'ai vu* aujourd'hui , cette
femaine , ce mois-ci , cette année , quelqu'un qui m'a parlé de vous.

Le parf. antérieur déf. marque une chofe
faite avant une autre qui fe fit dans un
temps dont il ne refte plus rien ; comme ,
Nous revinmes hier à Paris quand nous
eumes vu *le Roi.*

Le plufque parf. marque qu'une chofe

etoit déja faite dans le temps qu'une autre s'eſt faite. Ex. J'avois dîné *quand votre frere eſt venu.*

Le futur ſimpl. marque qu'une choſe ſera ou ſe fera, comme :

Oui j'aimerai toujours le Dieu qui m'a fait naître,
Toujours j'obſerverai la loi d'un ſi bon maître.

Le futur antér. marque qu'une choſe ſera faite avant une autre ; comme : *Lorſqu'un ouvrier* aura travaillé *pour vous, vous lui paierez exactement ce qui lui eſt dû.*

Le condit. préſ. marque qu'une choſe ſeroit, ou ſe feroit moyennant une condition. Ex. *Nous nous* epargnerions *bien des chagrins, ſi nous ſavions réprimer nos paſſions.*

Le condit. paſſé marque qu'une choſe auroit eté faite, ſi certaine condition avoit eu lieu ; comme quand Céſar dit à Brutus, en parlant de Pompée :

Crois-tu, s'il m'eut vaincu, que cette ame hautaine
Eut laiſſé reſpirer la liberté Romaine ?
Ah ! ſous un joug de fer il t'auroit accablé ;
Qu'eut fait alors Brutus ?

BRUT. REP.

Brutus l'eut immolé.

Nota. Outre les parf comp. *j'eus aimé, j'ai aimé,* nous avons un parf. ſurcompoſé, comme, *j'ai eu aimé.* Ex. *Je ſuis ſorti* ce matin, *quand* j'ai eu achevé *ma lettre.*

Outre le plufque-parfait *j'avois dîné*, nous avons aussi un plufque-parfait. fur-compofé ; comme , *fi* j'avois eu reçu *plutôt votre lettre , j'aurois eté au-devant de vous.*

Le fut. antér. fur-compofé , eft. *Il fe fera endormi dès qu'il* aura eu achevé *fa lettre.*

Le condit. paffé fur-compofé , eft. J'aurois eu achevé *avant vous , fi je n'avois pas eté interrompu.*

Comme l'ufage des temps fur-compofés eft rare , nous ne les avons point mis dans les conjugaifons.

Rem. Le préf. de l'ind. s'emploie quelquefois pour un futur proche. Ex. *Il vous* fuit *tout-à-l'heure* ; il part *demain pour Arras*, c. à d. *il vous* fuivra , *il* partira , &c. *Je fais que vous* allez *demain à la campagne.*

2°. Le préf. marque encore un futur, quand il eft précédé de *fi* pour *fuppofe que.* Ex. *Je vous irai voir , fi je me porte bien.*

3°. On fe fert du préf. au lieu du paffé , pour donner plus de vivacité à ce qu'on raconte , comme dans ce récit d'une tempête. *Dès que la flote eft en pleine mer , le ciel* commence *à fe couvrir de nuages , les eclairs* brillent *de toutes parts , le tonnerre* gronde , *la mer* ecume , *les flots* s'entrechoquent , *les abymes* s'ouvrent , *les vaiffeaux*

D iv

perdent *leurs voiles, leurs mâts, leurs gouvernails, & vont se briser contre les bancs & les rochers.*

4°. Quand on se sert du présent pour le passé, il faut que les Verbes qui précédent soient aussi au prés. Les phrases suivantes ne me paroissent pas correctes. *Le Centurion envoyé par Mucien entre dans le port de Carthage ; & dès qu'il fut débarqué, il eleve la voix,* &c. Il falloit, *& dès qu'il est débarqué, il eleve la voix. Ils vinrent en diligence, & de grand matin, avant que le jour fût bien décidé, ils entrent avec violence dans le palais de Pison.* Il falloit, *ils viennent en diligence, & de grand matin, avant que le jour soit bien décidé, ils entrent,* &c. ou, *ils vinrent. . . . avant que le jour fût bien décidé, ils entrerent,* &c. *Tandis que le Cardinal (Mazarin) gagnoit des batailles contre les ennemis de l'Etat, les siens particuliers combattent contre lui.* Il falloit, *tandis que le Card. gagne des batailles contre les ennemis de l'Etat, les siens combattent contre lui.*

Remarques sur les temps de l'ind. précédés de la conjonction *que.*

1°. Quand l'imparf. de l'ind. est précédé d'un prés. ou d'un futur & d'un *que,* alors il désigne un passé. Ex. *Vous n'ignorez pas que les premiers chrétiens* etoient

remplis *d'une foi vive & d'une ardente cha-*
rité.

2ᵉ. L'imparf. de l'ind. défigne un préf.
quand il eft précédé d'un imparf., d'un
parf., d'un plufq. parf. ou d'un condit.
Ex. *On* difoit, *ou on* a dit *de l'éloquent Péri-*
clès qu'il eclairoit, *qu'il* tonnoit, *qu'il* por-
toit *une foudre fur la langue. Dès qu'Ariftide*
eut dit *que la propofition de Thémiftocle* etoit
injufte, tout le peuple la défapprouva.

Excepté quand l'imparfait exprime une
action paffée avant celle qui eft exprimée
dans le premier Verbe ; & alors on peut,
fans changer le fens de la phrafe, rendre
l'imparf. par un paffé. Ex. *Je* croyois *que*
vous etiez hier *à la campagne.* J'ai *toujours*
penfé *que les Romains* etoient *aussi prudents*
que courageux. Vous avez lu *dans l'hiftoire*
Romaine, que Rome etoit *d'abord* gouver-
née *par des Rois.*

3ᵉ. Quand le premier Verbe eft à l'imparf. ou au parf., on met le fecond à l'imparf. fi l'on veut marquer un préfent ; au
plufque-parfait, fi l'on veut marquer un
paffé ; au conditionnel préf., fi l'on veut
marquer un futur fimple ; au conditionnel
paffé, fi l'on veut marquer un futur antérieur. Ex. *Je croyois, j'ai cru, j'avois cru que*
vous vous appliquiez *à l'étude.*

Darius dans fa déroute, réduit à boire

d'une eau bourbeuse & infectée par des corps morts, affura *qu'il n'*avoit *jamais* bu *avec tant de plaisir.*

Platon difoit *que les peuples feroient heureux, s'il arrivoit que la fageffe fût le feul objet de ceux qui gouvernent.*

Si donc vous avez à traduire, *foror dicebat fe venturam effe :* vous traduirez, *ma fœur difoit qu'elle* viendroit, & non-pas *qu'elle viendra*, &c.

4e. Quoique le premier Verbe foit à l'imparf. ou au parfait, le fecond peut fe mettre au préfent; quand ce fecond verbe exprime une chofe vraie dans tous les temps. Ex. *Un Sage de la Grece* foutenoit *que la fanté* fait *la félicité du corps, & le favoir celle de l'efprit. Ovide* a dit *que l'étude* adoucit *les mœurs, & qu'elle* efface *ce qu'il y a en nous de groffier & de barbare.*

DE L'IMPÉRATIF.

L'Impératif eft une maniere d'employer le Verbe, pour commander ou pour défendre, pour prier ou pour exhorter. Ex.

Tenez votre parole inviolablement;
Mais ne la donnez pas inconfidérémer.

REM. 1e. *Me, te, moi, toi,* peuvent fe trouver entre un verbe à l'impératif, & un autre à l'infinitif, comme, *venez* me *voir, va* te *laver; laiffez-moi faire, fais-toi frifer.*

On emploie *me*, *te*, quand le Verbe à l'impératif est neutre, comme, *venez*, *va*; & l'on se sert de *moi*, *toi*, quand il est actif, comme, *laissez*, *fais*.

R.EM. 2ᵉ. On dit, *transportez-vous-y*: mais dites, *envoyez-y moi*, & non-pas *envoyez-m'y*, ni *envoyez-moi-z-y*. Dites *donnez-m'en*, *donne-t'en*, & non-pas, *donnez-mois-en*, *donne-tois-en*. Observez la même chose avec les autres Verbes.

DU SUBJONCTIF.

Le Subjonctif ou Conjonctif est une maniere d'employer le Verbe comme suite d'un evénement. Ce mode s'appelle subj. ou conj., parce qu'il dépend d'une conjonction après laquelle il se met.

Usage du Subjonctif.

Quand le Verbe qui est avant la conjonction n'annonce rien de positif, ce qui arrive quand il est accompagné d'une négation, ou qu'il marque quelque sentiment de l'ame, comme doute, ignorance, incertitude, désir, souhait, &c. alors on met au subj. le verbe qui est après la conjonction. Ex. *Je ne crois pas qu'il puisse y avoir de vraie amitié entre des personnes qui ne sont pas vertueuses. Croyez-vous qu'on* puisse *devenir savant, sans etudier avec méthode?*

Philippe second dit au Docteur Velasque Conseiller d'Etat : J'entends que dans toutes les affaires douteuses où je serai partie, vous décidiez *toujours contre moi.*

Le Verbe se met au subj. après *afin que, à moins que, avant que, au cas que, malgré que, en cas que, bien que, encore que, quoique, de crainte que, de peur que, jusqu'à ce que, posé que, supposé que, pour que, pourvu que, quelque... que, quel* ou *quelle que... quoi que, sans que, soit que.* Ex. *On nous exhorte à bien employer le temps de notre jeunesse,* afin que nous puissions *un jour remplir dignement les devoirs de notre etat.*

Cirus disoit qu'on n'étoit pas digne de commander, à moins qu'on ne fût *meilleur que ceux à qui on donnoit la loi.*

On se servoit d'écorces d'arbres ou de peaux pour ecrire, avant que le papier fût *en usage.*

Les plaisirs ne sont pas assez solides pour qu'on les approfondisse, *il ne faut que les effleurer.*

Un Gentilhomme doit se soutenir avec honneur auprès des Princes, sans qu'aucun intérêt puisse l'obliger à rien faire *qui soit indigne de sa qualité.*

Quelque *naissance* que vous ayez, quelques *dignités* que vous possédiez, *ne méprisez personne.*

Dans toutes ces occasions *que* régit le subj. parce qu'alors il n'annonce rien de positif.

REM. *Si-non que, si ce n'est que, de sorte que, en sorte que, tellement que, de maniere que,* régissent tantôt l'indicatif, & tantôt le subjonctif.

Que, dans ces expressions, régit l'indic. quand le Verbe qui précede exprime quelque chose de certain & de positif; & il régit le subj. quand le Verbe qui précéde n'annonce rien de positif. Ex. *Comportez-vous* de telle maniere ou de telle sorte que vous méritiez *l'estime des gens de bien. Il s'est comporté* de telle maniere ou de telle sorte qu'il a mérité *l'estime des gens de bien. avant de* ou *avant que de rien entreprendre, prenez de justes mesures,* enforte que vous n'ayez rien *à vous reprocher, si vous ne réussissez point dans vos entreprises. Votre frere a pris de fort justes mesures,* enforte qu'il n'aura rien *à se reprocher, s'il ne réussit pas dans son entreprise,* &c.

REM. *Que* régit le subj. 1°. quand il est mis pour *si, à moins que, avant que, dès que, aussi-tôt que, quoique, soit que, afin que, sans que, de ce que.* Ex. *Si vous lisez l'histoire,* & que vous cherchiez *un Prince egalement favorisé & persecuté de la fortune, vous le trouverez dans la personne de l'Empereur Henri IV.*

Alexandre ne voulut pas pardonner aux Athéniens, qu'ils ne lui livraffent *dix citoyens à fon choix.*

Qu'on aille *à la campagne*, qu'on demeure *à la ville, il faut favoir s'occuper utilement.*

Le dépit n'a jamais fatisfait fes tranfports,
Qu'il n'ait livré notre ame à d'éternels remords.

2°. *Que* régit le fubj. dans les phrafes impératives. Ex. Qu'on ne vienne point *me vanter un grand nom, il eſt très-petit, fi celui qui le porte eſt inutile à l'Etat.* EDUC. DE LA NOBLESSE.

REM. Les relatifs *qui, que, dont, lequel,* &c. régiffent le fubj. 1°. après une interrogation. 2°. quand ils font précédés d'un fuperl. rel. 3°. quand par le Verbe qui eſt après le rel. on veut marquer un fouhait, une condition, &c. ou qu'on ne veut pas affirmer pofitivement. Ex. *Quel eſt l'infenſé* qui tienne *pour fûr, fût-il à la fleur de l'âge, qu'il vivra jufqu'au foir.*

Le plaifir d'obliger eſt le feul bien fuprême,
Qui puiſſe elever l'homme au-deſſus de lui-même.

Un homme qui n'a point d'amis ne *trouve* perfonne fur qui il puiffe *compter,* & dont il ait lieu *d'attendre du fecours.*

Le meilleur *cortege qu'un Prince* puiffe avoir, *c'eſt le cœur de fes fujets.*

DE L'USAGE DES TEMPS
du Subjonctif.

REG. 1e. Le préſ. du Subj. déſigne ſouvent un fut. Ex. *Je ne crois pas* qu'il vienne demain. *Je doute* qu'il ſorte avant la ſemaine prochaine. *Vienne* & *ſorte* marquent ici un futur , & ils ſe traduiroient en latin par le futur.

R. 2e. Quand le premier verbe eſt au préſ. ou au fut. le verbe qui eſt après *que* ſe met au préſ. du ſubj. ſi l'on veut exprimer un préſ. ou un futur ; & au parf. ſi l'on veut exprimer une choſe paſſée. Ex. *Il* faut *ou* il faudra qu'ils ſoient plus attentifs. *Il* ſuffit qu'un *habile homme* n'ait *rien* oublié *dans ſes entrepriſes : les bons ou les mauvais ſuccès ne doivent ni augmenter , ni diminuer les louanges qu'il mérite.*

REM. Quoique le premier verbe ſoit au préſ. on doit mettre le ſecond à l'imparf. ou au pluſque parf. , quand on place dans la phraſe un des deux condit. , un imparf. ou un pluſque-parfait. Ex. *Il n'eſt point d'homme , quelque mérite qu'il ait , qui ne fût très-mortifié , s'il ſavoit tout ce qu'on penſe de lui.* Je doute que j'euſſe réuſſi , *ſi je n'euſſe pas ſuivi vos conſeils.*

R. 3e. Quand le premier verbe eſt au parf. indéf. , le ſecond ſe met ordinaire-

ment à l'imparf. du subj. si l'on veut exprimer un préf. ; & au parf. si l'on veut exprimer une chofe paffée. Ex. *On s'eft fervi
d'écorces d'arbres, ou de peaux pour écrire,
avant que le papier* fût *en ufage.* Il a fallu
qu'il ait follicité *fes Juges*, *& qu'il* fe foit
informé *de plufieurs autres affaires.*

Nota. Quand le premier Verbe eft au
parf. indéf. on peut auffi mettre le fecond
au préf. du fubj., lorfque ce fecond Verbe
exprime une action qui peut fe faire dans
tous les temps. Ex. *Dieu* a entouré *les yeux
de tuniques fort minces, tranfparentes au-
devant, afin que l'on* puiffe *voir à travers.*
M. D'OLIVET.

REG. 4e. Quand le premier Verbe eft à
l'imparf., au parf., au plufque-parf., aux
condit., alors le fecond fe met à l'imparf.
du fubj., si l'on ne veut pas exprimer une
chofe paffée; & au plufque-parf. quand on
veut marquer une chofe paffée. Ex. *Il* vaudroit *mieux pour un homme de qualité*, qu'il
perdît *la vie, que de perdre l'honneur par
quelque action honteufe & criminelle. Licur-
gue, par une de fes loix*, avoit défendu
qu'on éclairât *ceux qui fortoient le foir d'un
feftin, afin que la crainte de ne pouvoir fe
rendre chez eux*, les empêchât *de s'enivrer.
Tout Gouvernement* etoit *vicieux, avant que
la fuite des fiecles, & en particulier le Chrif-*

tianifme , euffent adouci & perfectionné *l'efprit humain*. M. l'Abbé TERRASSON.

N^a. Ne dites point , *il falloit que j'allas ; que je reçus , que je revins* , &c. l'imparf. du fubj. à la prem. & à la feconde perf. du fing. eft terminé par deux *ff* & un *e* muet : *que j'allaffe , que tu reçuffes , que je vinffe ,* &c. Ainfi il faut prononcer les deux *ff*.

REM. Le préf. , l'imp. & le plufq. parf. du fubj. s'employent encore dans certaines phrafes elliptiques , c. à d. dans lefquelles il paroît y avoir quelques mots fous-entendus. Ex. *Puiffiez-vous vivre autant que Mathufalem ;* c. à d. je fouhaite que vous puiffiez vivre , &c. *Heureux , dit très-bien Platon , l'homme qui peut , ne fût-ce que dans la vieilleffe , parvenir à étre fage , & à penfer fainement.*

DE L'ACCORD DU VERBE AVEC fon Sujet *ou* fon Nominatif.

Le Verbe perfonnel s'accorde en nombre & en perf. avec le fujet ou le nominatif dont il dépend ; & quand un Verbe a pour fujet le relatif *qui* , on le met au même genre & à la même perfonne que le nom ou le pronom auquel le *qui* fe rapporte. Ex. *La Reine Elifabeth alla voir le Chancelier Bacon, dans une maifon de campagne qu'il avoit fait bâtir avant fa fortune :*

d'où vient, lui dit cette Reine, que vous avez fait une si petite maison? Ce n'est pas moi, Madame, *lui dit le Chancelier,* qui ai fait *ma maison trop petite;* c'est votre Majesté qui m'a fait *trop grand pour ma maison.*

Ainsi il y a une faute dans ce qui suit. *La paix ne peut plus se faire que par miracle; on croit que c'est* vous qui fera *ce miracle,* il falloit *qui ferez.*

Rem. Le nom au voc. exprime le nom de la perf. à qui on parle, & défigne par conféquent une feconde perf. Ainfi quand le pronom *qui* fe rapporte à un voc. on met à la 2e. perfonne le Verbe qui eft après le *qui.* Ex.

Armand qui pour fix vers me donnez fix cents livres;
Que ne puis-je à ce prix vous vendre tous mes livres!

Impromptu d'un Poëte qui reçut fix cents livres du Card. de Richelieu, à qui il avoit préfenté un placet en fix vers.

Quand le Verbe fe rapporte à plufieurs fujets de différentes perf., il fe met au plur. & s'accorde avec la plus noble perf. La prem. perf. eft la plus noble des trois; & la 2e. eft plus noble que la 3e. La politeffe françoife veut en ce cas que celui qui parle, fe nomme le dernier. Ex. *Un Curé fort pauvre difoit à un Religieux qui avoit une bourfe bien remplie:* Vous & moi nous ferions *un bon Religieux ; vous faites vœu de pauvreté , & moi je l'observe. Vous savez que* c'*est* votre frere & moi qui avons découvert *cette intrigue.* C'*est* vous & votre ami qui m'avez joué *ce mauvais tour.*

REMARQUES SUR LES PRÉPOSITIONS.

Les Prépositions *avant* & *devant* , ne s'emploient plus l'une pour l'autre.

Avant Prép. marque priorité de temps ou d'ordre. Ex. *Il ne faut pas demander un paiement* avant le temps. *Il est* avant son frere.

Devant Prép. , ne s'emploie guere que pour *en présence* ou *vis-à-vis.* Ex. *Nous paroîtrons un jour* devant Dieu. *Il loge* devant l'Eglise.

On ne dit plus *devant hier ,* dites *avant-hier. Avanz-hier* est une faute grossiere.

Faut-il dire *avant que de* ou *avant de ;* comme *avant que de lire , avant de lire ?* Autrefois on disoit toujours *avant que de ;* mais depuis plus de vingt ans l'usage est partagé.

On ne dit plus , *devant que de jouer ,* ni *devant de jouer.* Dites *avant de jouer ,* &c.

En campagne , à la campagne. Le prem. ne se dit qu'en parlant du mouvement , du campement ou de l'action des troupes , comme *l'armée se mettra bientôt* en campagne. *Les troupes sont entrées* en campagne. Mais il faut dire : *Monsieur N.... est allé, passe l'été* à la campagne. *Venez avec nous* à la campagne.

Autour est suivi d'un rég. Ex. *Il n'y a point de fauxbourgs ni de bâtiments* autour des places fortes.

Alentour est sans rég., & ce seroit à présent une faute de dire avec *M. Godeau :*

> Ses fils, *à l'entour de sa table*,
> Font une couronne agréable.

A travers, au travers. Au travers est suivi de la prép. *de.* Ex.

> *Au travers* des périls un grand cœur se fait jour.

A travers n'est point suivi de la prép. *de.* Ex. *Nous n'appercevons la vérité qu'à travers* les voiles *de nos passions & de nos préjugés.* S. Evremont.

REMARQUES SUR LES ADVERBES.

La plûpart des Adverbes sont sans rég. Parmi les Adverbes de maniere ; *dépendamment ; differemment*, peuvent être suivis de la prép. *de ; convenablement, conformément, préférablement, relativement*, peuvent être suivis de la prép. *à.* Ex. *Cet Officier ne commande que* dépendamment d'un autre *qui est son supérieur. Ceux qui ne vivent pas* conformément à la loi *de Dieu, ne font pas véritablement Chrétiens.* &c.

Près , qui fignifie *fur le point de* , ne doit pas être confondu avec l'adjectif *prêt.*

Près (fur le point de) eft toujours fuivi de la prép. *de.* Ex. *Les libertins ont beau faire les efprits forts , ils tremblent plus que les au-tres , quand ils font* près de mourir.

Prêt , adj. , fignifie *difpofé* à quelque cho-fe , *en etat de* faire ou de fouffrir quelque chofe. Ex. *Des amis touj. difpofes à parler en notre faveur , & touj.* prêts à *nous ouvrir leur bourfe , font de bons fupports dans ce monde.* GIRARD.

Prêt a eté employé pour *près* dans ce qui fuit. *L'amour de la liberté nous empéche fou-vent de voir les précipices dans lefquels nous fommes* prêts à tomber. Il falloit, *nous fom-mes* près de tomber.

Plus & *davantage* ne s'emploient pas toujours l'un pour l'autre.

Davantage , ne peut être fuivi de la pré-pofition *de* , ni de la conj. *que ;* il ne peut pas non-plus être fuivi d'un adj. On ne dit point : *Les Livres où il y a* davantage *de* brillant que de folide *font à la mode.* Il faut dire ... *où il y a* plus de brillant , &c. au lieu de dire : *Celui qui fe fie* davantage *à fes lumieres* , qu'à celles de la Grace , *commet une ingratitude envers Dieu.* Dites , *celui qui fe fie* plus *à fes lumieres* , &c.

Auffi & *fi*, Adverbes de comparaifon, ne fe joignent qu'aux adj. & aux Verbes paffifs. *Tant* & *autant*, ne fe joignent qu'aux fubft. & aux Verbes.

Auffi & *autant* s'emploient dans les phrafes affirmatives ; *fi* & *tant* dans les phrafes négatives ou interrogatives. Ex. *L'amour du prochain eft* auffi *néceffaire dans la fociété pour le bonheur de la vie, que dans le Chriftianifme pour la félicité eternelle. L'Europe n'eft pas* fi *grande que l'Afie.*

Il y a autant *de différence entre le favant & l'ignorant, qu'il y en a entre celui qui fe porte bien, & celui qui eft malade. Les Hiftoires que nous a données Varillas, ne font plus* tant *eftimées qu'elles l'étoient autrefois.*

Si & *tant* fignifient encore *tellement, un fi grand, un fi grand nombre,* &c. alors ils s'emploient dans les phrafes affirmatives. Ex. *Il a* tant *joué qu'il eft tombé malade. Il a* tant *de vertu qu'il eft eftimé de tout le monde,* &c. *Il eft* fi *fage que, &c.*

Auparavant ne doit jamais être fuivi d'un rég. ni d'un *que.* Ne dites point : *J'arrivai* auparavant *mon frere. Il faut mettre ordre à fes propres affaires* auparavant *que de vouloir arranger celles des autres.* Dites, *avant mon frere, avant de vouloir,* &c.

Ainfi n'imitez pas cette phrafe des Rév.

d'Angleterre. *Quelque - temps* auparavant
*que l'entreprife de l'Empereur Henri éclatât,
les Comtes d'Anjou & de Montfort avoient
fait leur paix avec le Roi d'Angleterre.*

Il falloit, *quelque-temps* avant que *l'entreprife,* &c.

Ne confondez pas *fur, fous, dans, hors,*
avec *deffus, deffous, dedans, dehors.*

Sur, fous, dans, hors, font toujours fuivis d'un rég. comme *il eft* fur *la table,* dans
la maifon.

Deffus, deffous, dedans, dehors, ont un
rég. 1o. Lorfqu'on met enfemble plufieurs
de ces mots, & qu'on ne met le nom qu'a-
près le dernier ; 2º. quand ils font précédés d'une prép. comme *de, au, par.* Ex.
Il y a des animaux deffus & deffous la terre : *Votre mouchoir n'eft ni* dedans, *ni* deffus la commode. *On voit le feu* de deffus les
tours. *Il paffa* par dedans la ville.

Un fervice *au-deffus* de toute récompenfe ;
A force d'obliger, tient prefque lieu d'offenfe;

Ailleurs, fur-tout en profe, *deffus, deffous,* &c. font fans régime.

REMARQUES SUR LE RÉGIME.

Un nom peut être régi par deux adject.
deux verbes, deux adverbes, &c. pourvu
que ces adjectifs, ces verbes & ces ad-

verbes aient le même Régime. Exemp.

> Le bonheur le plus grand, le plus digne d'envie,
> Eſt celui d'être *utile* & *cher à ſa patrie.*

Le luxe eſt ſemblable à un torrent qui entraîne *&* qui renverſe *tout ce qu'il* rencontre. Educ. de la Noblesse.

Mais on ne pourroit pas dire : *Bien des
gens occupent des places qu'ils ne* devroient
pas, *& qu'ils ne* méritent pas *d'occuper,
parce qu'ils ne ſont ni* dignes, *ni* propres à
les remplir. Un *Magiſtrat doit toujours juger*
ſuivant & conformément *aux loix. Le Maréchal d'Hocquincourt* attaqua *& ſe* rendit
maître d'*Angers.*

La 1ʳᵉ. phraſe ne vaut rien, parce que
d'occuper ne peut être régi par *devroient* :
de plus *dignes* doit être ſuivi de la prép.
de ; ainſi il ne peut régir *à les remplir.* La
2ᵉ. eſt auſſi défectueuſe, parce que *ſuivant*
ne peut régir *aux loix.* Dans la 3ᵉ. *attaqua*
veut un rég. simple ; ainſi il ne peut régir
d'*Angers*, qui eſt un régime compoſé.

Pour rendre bonnes ces ſortes de phraſes, il faut donner un rég. à chaque adj., à
chaque adv., à chaque prép. comme, *un
Magiſtrat doit toujours juger* ſuivant les loix
& conformément à ce qu'elles preſcrivent.
Le Maréchal d'Hocquincourt attaqua Angers, & s'en rendit maître, &c.

Rem.

R EM. 2e. Un Verbe ne peut régir en même-temps un subst. & un *que*, un infinitif & un subst. comme ; *César apprit* la vérité *par ses coureurs*, & que *la frayeur avoit troublé la vue à Considius. Apprit* ayant régi *la vérité*, ne doit point régir *que :* il falloit ajouter un autre verbe, & dire, par exemple ; *César apprit* la vérité *par ses coureurs,&* connut que *la frayeur avoit troublé la vue à Considius.* Au lieu de dire, *S. Louis aimoit* la justice, & à chanter *les louanges du Seigneur ;* on dira : *S. Louis aimoit* à *rendre la justice,* & à chanter &c. Au lieu de dire, *il n'est pas nécessaire d'apprendre* à tirer de l'arc, *ni* le maniment *du javelot ;* je dirois, *ni à manier le javelot.*

Souvent pour eviter toute equivoque, les rég. ne doivent pas être séparés des mots qui les régissent. Par Ex. au lieu de dire, *Ségrais ne s'étoit jamais pu défaire de son accent de Bas-Normand ; ce qui donna lieu de dire* à Mademoiselle de Montpensier, à un Gentilhomme *qui alloit faire le voyage de Normandie avec Ségrais : Vous avez-là un fort bon guide, il sait parfaitement la langue du pays.* Je dirois : *Ce qui donna lieu à* Mademoiselle de Montpensier *de dire* à un Gentilhomme &c.

F.

REMARQUES SUR L'ARRANGEMENT des Mots.

Nous ne ferons ici que quelques remarques. Ceux qui voudront voir le détail des regles qui concernent l'arrangement des mots, les trouveront dans notre Grammaire Françoife.

REM. 1ᵉ. On place élégamment après fon Verbe, le fujet ou le nominatif qui doit être fuivi de plufieurs modicatifs. Ainfi au lieu de, *Nous ecoutons avec docilité les confeils que* ceux qui favent flatter nos paffions *nous donnent. D'un côté on voyoit une riviere où des îles bordées de tilleuls fleuris & de hauts peupliers fe formoient.* Dites : *Nous ecoutons avec docilité les confeils que nous donnent* ceux qui favent flater nos paffions. *D'un côté on voyoit des rivieres où fe formoient* des îles bordées *de tilleuls fleuris & de hauts peupliers.*

R E M. 2e. Pour eviter l'équivoque, pour donner plus de clarté & de force à la phrafe, on répete quelquefois le fujet. Ex. *Le moment de fon trépas arrive ;* moment *heureux pour lui, & funefte pour nous. Les honneurs du triomphe lui furent décernés ;* honneurs *dont perfonne n'avoit encore joui avant lui.*

REM. 3ᵉ. Le rég. le plus court fe place

le premier ; quand les rég. font de même longueur, le rég. fimple fe place ordinairement avant le rég. compofé. Ex. *L'ambition qui eft prévoyante, facrifie* le préfent à l'avenir : *la volupté qui eft aveugle, facrifie* l'avenir au préfent ; *mais l'envie, l'avarice & les autres paffions lâches empoifonnent le préfent & l'avenir.* TERRASSON.

Les rég. etant ici de même longueur, le rég. fimple eft le premier. Mais dans les phrafes fuivantes : *De fameux exemples nous apprennent que Dieu a renverfé* de leurs thrônes des Princes qui ont méprifé fes loix. *Le Seigneur réduifit* à la condition des bêtes le fuperbe Nabucodonofor, qui vouloit ufurper les honneurs divins. Dans ces phrafes les rég. fimples font les derniers, parce qu'ils font plus longs, ou fuivis de modificatifs.

Ainfi, au lieu de dire : *Employons toute cette vaine curiofité qui fe répand au dehors,* aux affaires de notre falut ; je dirois ; *Employons* aux affaires de notre falut *toute cette vaine curiofité qui fe répand au dehors.*

REM. 4e. Pour eviter une equivoque, on met en premier le rég. compofé, quoiqu'auffi long, ou même plus long que le rég. fimple. Par exemple, au lieu de dire : *L'Evangile infpire une piété qui n'a rien*

de suspect aux personnes *qui veulent être sin-
cérement à Dieu ;* dites avec le P. Buffier :
L'Evangile inspire aux personnes qui *veulent être véritablement à Dieu , une piété qui
n'a rien de suspect.*

Rem. 5e. C'est la netteté du sens qui dé-
cide de la place que doivent occuper les
prép. qui avec leur rég. expriment quelque
circonstance. Ces expressions doivent être
placées, autant qu'il est possible, près des
mots dont elles expriment une circonstance. Ex. *La plûpart des personnes se condui-
sent plus par habitude que par réflexion : voilà pourquoi on voit tant de gens qui ,* avec
beaucoup d'esprit, *commettent de très-grandes fautes.* Dans cette phrase, *avec beaucoup d'esprit* ne sauroit être placé après le
verbe : il seroit equivoque de dire ; *on voit
des gens qui commettent ,* avec beaucoup
d'esprit, *de très-grandes fautes , ou qui commettent de très-grandes fautes* avec beaucoup
d'esprit.

Au lieu de dire : *Les Prêtres Egyptiens ne
s'aviserent de voiler les observations qu'ils faisoient de la nature ,* sous leurs hiéroglyphes,
que pour en dérober la connoissance au peuple ;
je dirois : *Les Prêtres Egyptiens ne s'aviserent
de voiler ,* sous leurs hiéroglyphes , *les observations qu'ils faisoient de la nature , que
pour ,* &c. Au lieu de, *Darius ignoroit l'art*

de tirer la guerre en longueur, de fatiguer & de ruiner un ennemi vigoureux, à propos, &c. je dirois, *Darius ignoroit l'art* .... de fatiguer à propos, *& de ruiner un ennemi vigoureux.*

REM. 6e. Quand une prop. est composée de deux phrases partielles, la plus courte des deux phrases se place ordinairement la premiere. Ex. Quand les passions nous quittent, *nous nous flatons en vain que c'est nous qui les quittons.* Sans admettre une autre vie, *on ne sauroit concilier avec la justice de Dieu le spectacle de la vertu qui languit dans les fers, tandis que le vice est sur le thrône.*

REM. 7e. La poésie admet certaines transpositions qui n'ont pas lieu dans la prose. On dit bien en Vers :

Pour les cœurs corrompus, l'amitié n'est point faite. VOLT.
Le bonheur des méchants comme un torrent s'écoule. RAC.
Jamais de la Nature il ne faut s'écarter. BOILEAU.
A des Dieux mugissants l'Egypte rend hommage. RAC. fils.

Mais en prose nous dirons ; *l'amitié n'est point faite pour les cœurs corrompus. Le bonheur des méchants s'écoule comme un torrent. Il ne faut jamais s'écarter de la nature. L'Egypte rend hommage à des Dieux mugissants.*

REM. 8e. Quand il n'y a point d'équivoque à craindre, on supprime certains mots qui peuvent aisément se suppléer ;

la diction, par ce moyen, est plus vive.

Au lieu de dire, quand *l'assemblée fut finie, chacun se retira chez soi. Il refusa les honneurs du triomphe*, etant *contens de les mériter.* Il vaut mieux dire avec S. Evremont, *l'assemblée finie, chacun se retira chez soi. Il refusa les honneurs du triomphe, content de les mériter.*

Au lieu de , *que le peuple qu'un sage Roi gouverne est heureux! Les esprits bornés affectent de mépriser ce qui les passe,* ce qui est *un foible dédommagement qu'il ne faut pas leur envier.* Dites : *Heureux le peuple qu'un sage Roi gouverne! Les esprits bornés affectent de mépriser ce qui les passe, foible dédommament qu'il ne faut pas leur envier.*

REMARQUE 9ᵉ. DES MOTS QU'ON DOIT RE'PE'TER DANS LA PHRASE.

Les pron. sujets se répetent, 1º. avant les Verbes qui sont à différents temps , ou à différentes personnes; 2º. quand on passe de la négative à l'affirmative, ou de l'affirmative à la négative; 3º. après les conjonctions, (excepté *& ni*) Ex. *Il est défendu aux Juifs de travailler le jour du Sabath ; ils n'allument point de feu & ne portent point d'eau ; ils sont comme enchaînés dans leur repos. Nous avons besoin de recevoir une bonne éducation ,* parce que nous ne pouvons pas *fans education, mériter l'eſtime des perſonnes polies.*

Ainſi il y a une faute dans cette phraſe d'un Auteur célebre. *Le ſoldat ne* fut *point réprimé par autorité ; mais s'arrêta par ſatiété, par honte,* &c. Il falloit, mais il *s'arrêta.*

M. l'Abbé d'Olivet reprend ces Vers de Racine.

Amurat eſt content, ſi nous le voulons croire,
Et ſembloit *ſe promettre* une heureuſe victoire.

Le changement de temps demandoit le pronom *il. Amurat eſt content , & il ſembloit,* &c.

Hors des cas enoncés ci-deſſus, *il , elle* ne ſe répetent pas ordinairement. On dit ; *Il a pris des villes , conquis des Provinces , ſubjugué des nations entieres.*

On répete ordinairement les pronoms quand ils ſont en régime. Ex.

Un fils ne s'arme point contre un coupable pere ;
Il détourne les yeux , *le plaint & le révere.*

Peut-on dire ? *Il s'eſt acquis une eſtime générale , & rendu célebre.* Non : *ſe* etant mis pour *à ſoi* dans *il s'eſt acquis,* ne peut ſervir au Verbe *rendu ,* qui demande le régime ſimple *ſoi.* Il faut donc répéter *ſe* & le Verbe *eſt. Il s'eſt acquis une eſtime générale & s'eſt rendu célebre.*

F iv

De même, au lieu de, *fa fageffe & fa probité lui ont acquis une eftime générale*, & rendu *confidérable auprès des Miniftres*, dites, *& l'ont rendu confidérable*, &c. VAUG. CORN. ACAD.

REM. 10e. Quand la 1re. partie d'une phrafe eft affirmative, & que la 2e. eft négative, & réciproquement fi la 1re. eft négative & la 2e. affirmative, alors on répete dans la 2e. partie le Verbe qui eft dans la 1re. On obferve la même regle, fi le Verbe eft actif dans la 1re. partie, & qu'il doive être paffif ou pronominal dans la 2e. Ex. *Il faut* attendre *tout de Dieu, & ne rien* attendre *de foi-même. Les indifcrets* trahiffent *les autres &* fe trahiffent *fouvent eux-mêmes. Notre réputation ne* dépend *pas du caprice des hommes ; mais elle* dépend *des actions louables que nous faifons. On* n'eftime point *... ainéants, parce qu'on ne mérite point* d'être eftimé, *quand on ne remplit pas fes devoirs.*

Il me femble que ce feroit parler moins correctement que de dire : *Il faut* attendre *tout de Dieu, & rien de foi-même. Les indifcrets* trahiffent *les autres, & fouvent eux-mêmes. Notre réputation ne* dépend pas &c. *mais des actions louables* &c. *On* n'eftime *point les fainéants, parce qu'on ne mérite point de l'être, quand* &c.

REM. 11e. On répete ordinairement les prép. avant les mots qui ne fignifient pas la même chofe. Ex. *Rien n'eft moins* felon Dieu & felon le monde, *que d'appuyer par d'ennuyeux fermens tout ce que l'on dit dans la converfation.*

On ne répete point ordinairement les prép. avant les mots qui fignifient à peu-près la même chofe, & fur-tout quand ce font des noms accompagnés de l'article ou de quelque autre modicatif. Ex. *Le Fils de Dieu eft venu pour* racheter *les hommes & les* délivrer *de la fervitude du péché. Un jeu-ne homme doit parler* avec la difcrétion & la retenue *qui convient à fon âge.*

REM. 12e. Il y a des répétitions elégan-tes qui contribuent à la politeffe & à l'or-nement du difcours. Ex. Ceux qui font *nés* Grands *Ssigneurs*, *n'ont qu'un fort petit avantage au-deffus des autres, s'ils ne travail-lent avec fuccès à fe faire de* grands *hommes. L'amour-propre eft* plus habile que le plus habile homme du monde. *Dès qu'on fort de la nature, tout devient* faux *dans l'éloquence ; la chaleur de fes mouvements les plus paf-fionnés, n'eft qu'une* fauffe *chaleur ; l'éclat le plus brillant de fes figures n'eft qu'un* faux *éclat.*

Elle fut méprifer les caprices du fort,
Regarder fans horreur les horreurs de la mort.
BOUH. Réfl.

F v

REM. 13e. Les Conjonctions composées de *que*, ou suivies de la prép. *de*, ne se répetent guere dans la même phrase ; on répete seulement *que* ou *de*, suivant le sens : on observe la même chose pour *si*, *quand*, *comme*. Ex. *Scipion ne fit aucune acquisition*, quoiqu'il *eut été le maître de Carthage*, & qu'il *eut enrichi ses soldats plus qu'aucun autre Général.* M. ROLLIN.

On tire le canon sur une place afin de *pouvoir la prendre par assaut*, ou de *l'obliger à se rendre.* GIRARD. *On fait bien des fautes* lorsqu'*on est jeune*, & qu'on *ne prend conseil que de soi-même.* Quand *un homme est livré à ses passions, & qu'il est connu pour ce qu'il est, il vit sans honneur ; & ceux qui le flatent en apparence, le méprisent en effet.* BELLEGARDE.

Remarques sur ne, ne pas, ne point.

On supprime *pas* & *point*, 1o. avant *jamais, plus* (particule) *nul, aucun, rien, personne* (pronom) *ni, nullement ; &* avant *goute* & *mot*, quand ils sont pris adverbialement. 2°. quand il suit un *que* dans le sens de *sinon* ou *seulement.* 3°. après *que* dans le sens de *pourquoi, plût à Dieu que.* Ex. *L'utile* n'est jamais *où n'est pas l'honnête. Il faut éviter les redites ; on ne veut point entendre ce qu'on sait déja, on n'y a plus d in-*

térêt. S. Evrem. *Je* ne fais aucun cas *de la hardieſſe, si elle n'eſt accompagnée de prudence.* Terrasson. *Une jeuneſſe qui ſe livre à ſes paſſions, ne tranſmet à la vieilleſſe* qu'un *corps usé.* Que n'*avons-nous autant d'ardeur pour le bien que nous en avons pour le plaiſir* ! *Le Savant voit le double des autres ; & l'ignerant* ne voit goute *, lors même qu'il croit voir le plus clair.*

4o. On peut encore retrancher *pas* & *point* après *oſer, pouvoir, ceſſer ;* après *ſavoir*, lorſqu'on veut dire ſimplement qu'on eſt incertain. Ex. *Bien des gens* n'oſent *expoſer leur miſere. Il* ne peut *vous aller voir ; il* ne ceſſe *de l'avertir. Nous* ne ſavons *ce que nous devons faire.* On dit encore *, ne bougez, n'en déplaiſe* à , &c. On dit auſſi , *je* ne ſaurois *marcher,* pour, *je ne puis marcher.*

Avec *ſavoir*, on emploie *ne pas, ne point*, quand on veut dire qu'on ignore abſolument. Ex. *C'eſt une hiſtoire que je* ne ſais point *du tout.*

5o. *Ne* s'emploie ſeul après les Verbes *empêcher, prendre garde* (cavere) après les adverbes *plus, moins ;* après *autre* & *autrement.* Ex. *Empêchez ou prenez garde qu'il* ne ſe bleſſe. *On ſe voit d'un* autre *œuil qu'on* ne *voit ſon prochain. On mépriſe ceux qui parlent autrement qu'ils* ne *penſent.*

F vj

6°. *Ne* s'emploie encore feul après *crain-dre, avoir peur, appréhender ;* quand on ne fouhaite pas la chofe exprimée dans le fe-cond Verbe. Comme, *il craint, il appré-hende que fa maladie* ne *foit mortelle.*

Mais fi l'on fouhaitoit la chofe expri-mée dans le fecond Verbe, alors on met-troit *ne pas* ou *ne point.* Ex. *Je crains que mon pere* n'*arrive* pas *aujourd'hui.*

Rem. Quand il y a une négation avec *craindre, avoir peur, appréhender, empê-cher*, on ne met plus *ne* après le *que.* Ex. *J'empêcherai qu'on* ne *vous faffe tort. Je* n'*empêcherai* pas *qu'on vous corrige. Acqué-rez la fageffe, & vous* ne *craindrez* point *que la puiffance des impies vienne vous acca-bler.*

7°. Quand *ne* eft avant *nier*, il faut en-core le répéter après ce Verbe. Ex. *Je ne nie pas que je* ne *l'aie dit. Que je l'aie dit*, fe-roit une faute. Acad.

Des diffe'rentes sortes d'*E.*

Nous avons quatre fortes d'*E* dans no-tre Langue.

1°. L'*e* muet qui n'a qu'un fon obfcur & peu fenfible, comme dans *fage, befoin, mefure.*

2°. L'*e* fermé qui fe prononce la bou-che prefque fermée ; comme dans *vérité, médiocrité.*

3°. L'*è* ouvert, comme dans *succès, procès, fête*. Cet *è* s'appelle ouvert, parce que pour le bien prononcer, il faut defferrer les dents.

4°. L'*e* moyen, comme dans *belle, Meffe, mufette*, fe prononce avec une ouverture de bouche plus grande que pour l'*e* fermé ; mais moins grande que pour l'*e* ouvert.

DES ACCENTS.

Nous avons trois Accents *l'aigu* (´), le *grave* (`), & le *circonflexe* (^). Ils fervent fur-tout à diftinguer nos différentes fortes d'*e*.

L'Accent *aigu* fe met fur les *é* fermés. Ex. *vérité, répété, réunion*.

L'Accent *grave* fe met, 1°. fur les *e* fort ouverts, fuivis d'une *s* finale. Ex. *Accès, auprès, progrès*. 2°. Sur *à* prép., fur *là* & *où* adverbes. Ex. *Il a dit* à *fon frere*. Où *la vertu finit*, là *le vice commence*.

L'Accent *circonflexe* fe met fur les fyllabes longues dont on a retranché une lettre. Comme *bâiller, tempête, le trône*. Autrefois on ecrivoit *baailler, tempefte, trofne* ou *throfne*.

REM. L'*e* au commencement, au milieu, ou à la fin des mots, & fuivi d'une confonne avec laquelle il forme une fyllabe , n'eſt marqué d'aucun Accent. **Ex.** *perverſité , reſpecter , nettement , le miel , le ſujet , la nef.* &c.

Si l'*e* à la fin des mots etoit ſuivi d'une *s ,* il feroit marqué d'un *grave* ou d'un *aigu ,* comme nous l'avons dit plus haut. **Ex.** *Vos procès font* jugés.

Rem. 2e. On peut ne pas accentuer l'*e* qui dans l'avant-derniere ſyllabe d'un mot, eſt ſuivi d'une ou de pluſieurs conſonnes & d'un *e* muet ; comme , *le zelé , ils conſiderent , ils poſſedent , les planettes , la regle , le regne ,* &c.

Remarques sur les Voyelles Nazales.

Les Voyelles Nazales , ainſi appellées, parce que le ſon qu'elles expriment ſe prononce un peu du nez , font , *an , ean , am ; en , em ; in , inn , ain , aim , ein ; on , eon , om ; un , eun , um.*

An , ean , am , en , em ont ordinairement le même ſon. Pour ſavoir quand un mot doit s'écrire plutôt par l'une que par l'autre de ces voyelles , liſez les remarques ſuivantes.

1o. La Voyelle Nazale eſt toujours formée par *m* dans le mot où elle eſt ſuivie de *b , m , p ,* ou *ph.* **Ex.** *Ambition , Empereur , comment , amphibologie , humble.*

2°. Les adverbes qui marquent la maniere dont se font les choses, terminent par *ent*. Ex. *Aveuglément, commodément*, &c.

3°. Le son *an*, *am*, s'écrit presque toujours par *an*, *am*, dans les mots qui viennent des mots latins écrits par *an*, *am*; comme *année*, annus; *chanter*, cantare; *champ*, campus; *ambitieux*, ambitiosus, *&c.*

Le même son *an* s'écrit presque toujours par *en*, *em* dans les mots qui viennent des mots latins ecrits par *en*, *em*, *in*, *im*; comme *vent*, ventus; *temps*, tempus; *entrer*, intrare; *enfant*, infans, &c. *trembler*, tremere; *cendre*, cinis; *vengeance*, vindicta.

· *In*, *im*, *ain*, *aim*, *ein* ont le même son. Pour sçavoir comment il faut écrire le son *in* dans un mot, il faut, si c'est un adjectif, voir comment il fait au fém. *Cousin*, *voisin* s'écrivent par *in*, parce qu'on dit au fém. *cousine*, *voisine*. *Vain*, *sain*, *prochain* par *ain* accause de *vaine*, *saine*, *prochaine*.

Si c'est un subst. examinez les mots qui en viennent. On ecrit *faim* besoin de manger, accause de *famine*; & *la fin*, le terme, accause de *finir*; *pain*, accause de *pannetier*; *main*, accause de *manier*; *vin*, accause de *vineux*.

Un, *eun*, *um* ont le même son. Ecrivez

importun, accaufe du f. *importune*; *à jeun* de *jeûner*; *parfum*, *humble*, de *parfumer*; *humilité*.

Au & *eau* ont le même fon. Ecrivez par *au*, *etau*, *faux*, *maux*, *chevaux*, &c. accaufe d'*étaler*, *falfifier*, *mal*, *cheval*, &c. ecrivez par *eau*, *beau*, *beauté*, *chapeau*, *bateau*, accaufe de *belle*, *chapelier*, *batelier*, &c.

Comme les confonnes finales ne fe prononcent point dans bien des mots, les jeunes gens & les etrangers font fouvent embarraffés. Pour favoir comment s'écrivent les finales des fubft., il faut faire attention aux mots qui en font dérivés. Par ex. on ecrira *plomb* avec un *b* accaufe de *plomber*. *Le rond*, *le hazard*, *l'accord*, accaufe de *rondeur*, *hazarder*, *accorder*: *rang*, *fang*, *hareng*, acc. de *ranger*, *fanguin*, *harengere*: *fufil*, *fourcil*, *le gril*, acc. de *fufiller*, *fourciller*, *griller*. Le *parfum*, le *nom*, acc. de *parfumer*, *nommer*; le *van* accaufe de *vanner*; *le camp*, *le drap*, accaufe de *drapier*, *camper*, *campagne*. *Boulanger*, *Horloger*, acc. de *boulangerie*, *horlogerie*. Les *fens*, le *bon fens*, accaufe de *fenfible*, *fensé*; *embarras*, d'*embarraffer*. *Tapis* de *tapiffer*; *projet* de *projeter*. *Audacieux*, *négociant*, *délicieux*, accaufe d'*audace*, *négoce*, *délice*. Voyez outre cela ce que nous avons dit

page 20. sur la formation du pl. des subst.
& des adject. Voyez dans les conjugaisons
des Verbes la terminaison des différents
temps.

REMARQUES SUR LA PRONONCIATION.

Nous avons deux sortes de Prononciation ; l'une pour les vers & le discours sou-
tenu, l'autre pour la conversation.

Dans les vers, dans les discours prononcés en Chaire, au Barreau ou en d'autres occasions qui demandent de la gravi-
té, on fait sentir la plûpart des consonnes
finales, quand le mot suivant commence
par une voyelle ou une *h* qui ne se prononce point. Ex.

> Le faux est toujours fade, ennuyeux, languissant.
> Dieu tient le cœur des Rois entre ses mains puissantes.
> On soumet les désirs qui sont bien combattus.
> Et les vices détruits se changent en vertus.

Prononcez *le fau z est toujours fade*, &c.
*Dieu tient le cœur des Roize entre ses mains
puissantes. Et les vices détruits se change ten
vertus.*

Dans la conversation, au contraire,
nous prononcerons *le fau est toujours fade.
Dieu tient le cœur des Roi entre ses mains. Les
vices détruits se change en vertus.*

L'*e* muet, lorsqu'il est à la fin d'un
mot, & que le mot suivant commence par

une confonne , fe prononce plus fortement dans les Vers que dans la Profe. Ex.

> Des dons extérieurs l'uniformité laffe ;
> Mais l'efprit a toujours *une nouvelle* grace.

Les mots *une nouvelle*, doivent être prononcés dans ce Vers comme fefant cinq fyllabes. Dans la Profe au contraire, les mots *une nouvelle*, fe prononcent comme s'ils ne fefoient que trois fyllabes.

Dans la Profe les voyelles *ia*, *ie*, *io*, *ian*, *ion*, &c. ne forment ordinairement qu'une fyllabe. Dans les Vers au contraire, elles en forment prefque toujours deux. C'eft ce que l'on voit dans les Vers fuivants, qui font de douze fyllabes ou de fix pieds.

> A peu de *paffion* fuffit peu de richeffe :
> Connoiffez l'homme à fond , *etudiez* fon cœur ;
> Il eft un heureux choix de mots *harmonieux* ;
> Fuyez des mauvais fons le concours *odieux.*

Paffion & *odieux* ne font que de deux fyllabes dans la Profe ; ici ils font de trois fyllabes. De même *étudiez* , *harmonieux* font dans ces Vers de quatre fyllabes ; dans la Profe ils ne font que de trois. *Voyez* notre Grammaire Françoife.

Du Trema.

On met le *tréma*, ou les deux points fur

les voyelles *i* , *u* , *e* muet, quand ces lettres
ne doivent pas être prononcées, ou ne font
pas fyllabe avec la voyelle qui précede.
Comme *haïr* , *héroïque* , *païen* , *aïeul* , *Saül*
(Roi des Hébreux) *jouïr* , *ambiguë* , *conti-
guë* , *ambiguïté* , *continuïté*.

Nota. On met le tréma fur *ambiguë* , *con-
tiguë* , *ambiguïté* , *continuïté* , pour faire connoître que *guë* , *guï* , *nuï* font dans ces mots
deux fyllabes , & qu'ils ne s'y prononcent
pas comme dans *fatigue* , *ligue* , &c. *aiguille* ,
nuire , *fuir* , &c. où ils ne font qu'une fyllabe.

R. N'écrivez point *Roïaume* , *emploïer* ,
effaïer , *païs* , &c. On prononce *Roi iaume* ,
effai ier , *pai is ;* ainfi il faut ecrire ces mots
avec l'*y* grec qui a le fon de deux *ii* , *Royaume* , *pays* , *payer*.

N'écrivez pas non-plus *loüer* , *joüer* , *boüil-
lon* , *grenoüille* , &c. parce qu'on ne prononce pas *lo-uer* , *jo-uer* , *bo-uillon* , &c. *ou* fe
prononce dans ces mots , comme dans *ge-
nou ;* ainfi ecrivez fimplement *jouer* , *bouillon* , &c.

De l'Apostrophe.

L'*Apoftrophe* (') marque le retranche-
ment d'une de ces trois lettres *a* , *e* muet ,
& *i*.

A & *e* muet , fuivis d'une voyelle ou

d'une *h* non-aspirée, se retranchent dans *le*, *la* article ou pron., dans *je*, *me*, *te*, *se*, *de*, *ne*, *que*, *ce*. Comme : *l'*homme de bien aime mieux mériter une charge sans *l'*obtenir, que de *l'*obtenir sans la mériter. Je *m'*estimerois heureux *d'*être utile aux jeunes gens qui *s'*appliquent à *l'*étude de leur langue.

A & *e* ne s'élident point dans *le*, *la* après un impératif. Comme, portez-*le* à mon frere ; donnez-*la* à ma sœur.

L'*e* muet s'élide encore, 1o. dans *quelque* suivi des mots *un* & *autre* ; *quelqu'un*, *quelqu'autre*. 2°. dans *entre*, *jusque*, suivis de ceux-ci, *à*, *au*, *aux*, *eux*, *elle*, *elles*, *ici*, *autre*. Comme jusqu'*à* Paris, jusqu'*ici* ; entr'*eux*, entr'*autre* chose.

On dit aussi : *Grand'mere*, *Grand'Messe*, la *Grand'Chambre*, *grand'salle*, *grand'chere*, *grand'peur*, *grand'pitié*, *grand'chose*, à *grand'peine*.

I s'élide dans *si* suivi du pronom, *il*, *ils* ; *s'il arrive*, *s'ils viennent*.

Du Trait d'Union.

Le *Trait d'union* (-) sert à partager un un mot qu'on ne peut pas mettre tout entier à la fin d'une ligne. Il faut eviter de faire ce partage avant *l* mouillée, avant ou après *y* mis pour deux *ii*. Ainsi la section ne vaudroit rien dans les mots fuivants : *Bou-illon*, *péri-lleux* ou *peril-leux*, *pa-yfan*, *employ-er* ou *emplo-yer*, *effay-er*, *effa-yer*.

2o. Le *Trait d'union* fe met entre les *verbes*, & *je*, *me*, *moi*, *tu*, *toi*, *nous*, *vous*, *il*, *ils*, *elle*, *elles*, *le*, *la*, *les*, *lui*, *leur*, *y*, *en*, *ce*, *on*, quand ces pronoms font après le Verbe. Ex. *Irai-je*, *viens-tu*, *donnez-lui*, &c. En ce cas, fi le Verbe ne finit pas par un *t*, on en ajoute un avant *il*, *elle*, *on*; acheva-*t'il?* viendra-*t'elle?* aime-*t'on* les railleurs?

3o. On emploie le *Trait d'union* avant ou après *ci*, *là*, *çà*. Ex. *Celle-ci*, *celle-là*, *ci-deffus*, *là-haut*, *venez-çà*

4º. On met encore le *Trait d'union* entre plufieurs mots tellement joints enfemble, qu'ils n'en font plus qu'un. Comme *avant-coureur*, *chef-d'œuvre*, *quelques-uns*, &c.

DES LETTRES CAPITALES,

Les *Lettres Capitales* ou *Majufcules* fervent à compofer le titre des livres, à commencer les phrafes, les vers, les noms propres d'hommes, de lieux & de fêtes ; comme, *David*, *France*, *Pâque*, *la Loire*, &c.

Les noms de dignités, d'arts, de fciences commencent par une *Capitale*, quand ils font le principal fujet du difcours. Ex,

L'Agriculture a toujours eté en honneur dans tous les Etats bien gouvernés. La Philosophie nous apprend à raisonner conséquemment. Le Pape est le chef de l'Eglise.

DE LA PONCTUATION.

On se sert de six marques pour distinguer les différentes parties du discours. Ces marques sont la Virgule (,), le Point (.) le Point avec la Virgule (;) , les deux Points (:), le Point interrogatif (?), le Point admiratif ou exclamatif (!).

La Virgule (,) sert à distinguer les substantifs, les adjectifs, les verbes & les adverbes qui ne se modifient point l'un l'autre. Ex.

Tôt ou tard la vertu, les graces, les talents
Sont vainqueurs des jaloux, & vengés des méchants.

La charité est patiente , douce , bienfaisante , &c. Pour devenir savant, il faut etudier constamment, méthodiquement, avec gout & avec application , &c.

La Virgule distingue encore les différentes parties d'une phrase ou d'une période ; elle se met aussi avant & après les expressions qui marquent quelque circonstance. Ex. *L'étude du cabinet rend savant, & la réflexion rend sage.*

L'homme doit discerner, s'il veut se rendre heureux,
Du plaisir innocent, le plaisir dangereux. Du RESN.

On ne met guere de virgule entre les différentes parties d'une phrafe courte. Ex. *Celui qui veut tromper eft fouvent trompé. L'équité & la charité doivent être les deux grandes regles de la conduite des hommes.*

Le Point avec la Virgule (;) fe met après une phrafe fuivie d'une autre phrafe qui dépend de la premiere. Ex,

Il faut, autant qu'on peut, obliger tout le monde;
On a fouvent befoin d'un plus petit que foi.

L'Auteur, pour bien ecrire, doit être egalement attentif aux chofes qu'il dit, & aux termes dont il fe fert ; afin qu'il y ait du vrai & du gout dans fes ouvrages.

Les deux Points (:) different peu du Point avec la Virgule ; ils fe mettent après une phrafe finie, mais fuivie d'une autre qui fert ou à l'étendre, ou à l'éclaircir. Ex.

Que notre piété foit fincere & folide :
Ne faifons point un art de la dévotion;
Mais qu'à fes mouvements la prudence préfide :
Chacun doit être faint dans fa condition,

Le Point (.) fe met à la fin des phrafes & des périodes. Ex. *On eft blâmable quand on conferve fon argent, fans vouloir jamais en faire un bon ufage ; & c'eft-là ce qui s'appelle avarice. On eft louable, quand on ne le conferve dans un temps que pour s'en fervir à propos dans un autre ; & c'eft-là ce qui s'appelle économie,*

Le Point interrogatif (?) s'emploie dans les phrases qui expriment une interrogation. Ex.

> N'as-tu besoin d'aucune chose ?
> D'aucun de tes amis la bourse ne t'est close.
> Sait-on que tu veux emprunter ?
> Pas un de tes amis n'a moyen de prêter.

Le Point admiratif ou exclamatif (!) se met après les phrases qui expriment une admiration ou une exclamation.

> Qu'un ami véritable est une douce chose !

> Heureux celui qui plein de crainte
> Pour la divine Majesté ,
> Marche sans détours & sans feinte
> Dans le sentier de l'équité !

F I N.

TABLE
DES MATIERES.

*Si l'on ne trouve point quelque Verbe irré-
gulier dans l'ordre alphabétique, on cherchera dans la Table, après le mot* Verbe,
les Verbes terminés en er, ir, oir, *ou* re,
*selon la terminaison du Verbe que l'on
cherchera.*

A.

Fin de la Table des Matieres.

De Nonancourt Cinquieme Compagnie Numero 9

www.ingramcontent.com/pod-product-compliance
Ingram Content Group UK Ltd.
Pitfield, Milton Keynes, MK11 3LW, UK
UKHW022349090726
13658UKWH00002B/556